艺术 体育
高校学术研究论著丛刊

校园足球学训一体化的建设与实践探索

赵永峰 著

中国书籍出版社
China Book Press

图书在版编目(CIP)数据

校园足球学训一体化的建设与实践探索 / 赵永峰著.
--北京：中国书籍出版社，2020.10
ISBN 978-7-5068-8046-6

Ⅰ.①校… Ⅱ.①赵… Ⅲ.①学校体育－足球运动－教学研究 Ⅳ.①G843.2

中国版本图书馆CIP数据核字(2020)第206259号

校园足球学训一体化的建设与实践探索

赵永峰 著

丛书策划	谭 鹏 武 斌
责任编辑	牛 超
责任印制	孙马飞 马 芝
封面设计	东方美迪
出版发行	中国书籍出版社
地 址	北京市丰台区三路居路97号(邮编：100073)
电 话	(010)52257143(总编室)　(010)52257140(发行部)
电子邮箱	eo@chinabp.com.cn
经 销	全国新华书店
印 厂	三河市德贤弘印务有限公司
开 本	710毫米×1000毫米　1/16
字 数	265千字
印 张	17
版 次	2022年1月第1版
印 次	2022年1月第1次印刷
书 号	ISBN 978-7-5068-8046-6
定 价	84.00元

版权所有　翻印必究

目 录

第一章　校园足球及学生"学训"发展现状分析 ………… 1
　　第一节　我国校园足球发展现状 ……………………… 1
　　第二节　我国校园足球教学现状分析 ………………… 16
　　第三节　我国校园足球训练现状分析 ………………… 20
　　第四节　我国校园足球管理现状分析 ………………… 22

第二章　校园足球"学训一体化"培养机制与相关学科理论基础 ………………………………………………… 25
　　第一节　校园足球"学训一体化"培养机制的概念 …… 25
　　第二节　校园足球"学训"的生理学基础 ……………… 31
　　第三节　校园足球"学训"的心理学基础 ……………… 37
　　第四节　校园足球"学训"的教育学基础 ……………… 44

第三章　校园足球"学训一体化"之"学习"体系的构建 ……… 50
　　第一节　校园足球教学的基本原理 …………………… 50
　　第二节　校园足球教学的原则与方法 ………………… 56
　　第三节　校园足球课程教学的设计 …………………… 63
　　第四节　校园足球教学的组织与实施 ………………… 73
　　第五节　教师教学与学生运动员学习能力的培养与提高 …………………………………………………… 80

第四章　校园足球"学训一体化"之"训练"体系的构建 ……… 88
　　第一节　校园足球训练的科学原理 …………………… 88
　　第二节　校园足球训练的基本思想与原则 …………… 95

第三节　校园足球训练方法的设计 ……………… 105
第四节　校园足球训练计划的制定 ……………… 109

第五章　校园足球"学训一体化"之体能学练 ……………… 118
第一节　校园足球运动员的体能发展特征 ……………… 118
第二节　校园足球运动员的基本体能训练 ……………… 123
第三节　校园足球运动员的专项体能训练 ……………… 129

第六章　校园足球"学训一体化"之心智学练 ……………… 151
第一节　校园足球运动员的心理发展特征 ……………… 151
第二节　校园足球运动员心理能力训练 ……………… 163
第三节　校园足球运动员的智力发展特征 ……………… 173
第四节　校园足球运动员智能训练 ……………… 177

第七章　校园足球"学训一体化"之运动技能学练 ……………… 180
第一节　校园足球运动员的竞技能力结构 ……………… 180
第二节　校园足球运动员的技术习练 ……………… 188
第三节　校园足球运动员的战术习练 ……………… 200

第八章　校园足球"学训一体化"之游戏学练 ……………… 218
第一节　传接球游戏 ……………… 218
第二节　控球游戏 ……………… 222
第三节　踢球游戏 ……………… 226
第四节　头顶球游戏 ……………… 229
第五节　守门员游戏 ……………… 233
第六节　攻守战术游戏 ……………… 236

第九章　校园"学训一体化"之学练效果的评价 ……………… 240
第一节　校园足球运动员学练效果评价的意义与
　　　　原则 ……………… 240

目 录

第二节　体能素质评价 …………………………………… 242
第三节　技术能力评价 …………………………………… 247
第四节　战术能力评价 …………………………………… 252
第五节　学生运动员的自我评价 ………………………… 254

参考文献 …………………………………………………… 260

第一章 校园足球及学生"学训"发展现状分析

校园足球的开展不仅是提升我国足球运动总体水平的一种手段,还是大众健身的重要模式之一。对于学生来说,经常参与足球运动对其身心发展和提高社会适应力都大有好处,而对于学校来说,校园足球也能为丰富校园文化增添一抹亮色。为此,本章就对校园足球及学生足球"学训"等现状进行分析。

第一节 我国校园足球发展现状

一、高校校园足球的发展现状

(一)校园足球活动中的足球课程设置

增设校级足球选修课,是当前校园足球活动的一个新方向。目前各高校课程的设置,虽然名目不一,但不外乎基础课、专业课、选修课三种。校级足球选项课,不管以何种名目开设,都是围绕校园足球,以普及足球知识、传播足球文化、增强参与者体质等为目的而设置的。三峡大学以素质拓展的方式进行足球知识的普及,早在2014年就开设了面向全校的足球与足球欣赏课。截至2017年底,三峡大学已经有3000多名学生先后选修本课程,三峡大学的"足球与足球欣赏课程框架的研究"2016年先后获批湖北省教研课题和三峡大学课题。同济大学将足球规则与裁判法列入本校的通识课程,他们认为,通过本课程的学习,在提高学生体质的基础上,能培养学生遵守法律、尊重规则的知识与价值观。足球训练课也是同济大学增设的一门选修课程,主要授课对象是各二级学院足球代表队成员。当前大学生学业繁重,使得他们没有空闲的时间进行业余训练;足球训练课的开设在一定程度上缓解了这个矛盾。正如同济大学杨景勇教授所说,"训练时间无法保证,这个问题普遍存在;我们体育部提供师资,具体开设不不开设,由二级学院和教务处自己去协商"。

课程设置是培养目标的具体体现,反映对培养人才在知识结构、能力结构和素质结构等方面的基本要求[①]。应试教育盘踞在当代大学生脑海深处,思想中没有自我体育锻炼的意识,舍不得花费必要的时间进行身体锻炼;同时,从小体力劳动的缺失使得学生体力活动缺乏成为一种必然。因此,利用课程设置,在学生中间进行足球知识的普及是一种没有办法的办法。三峡大学的段红安教授针对该校足球与足球欣赏选修课说,"不管学生是抱何种目的来上课,混学分也罢、学知识也好,只要来,就达到了普及的目的"。开展校园足球有一个重要目的,是促进学校体育的改革[②]。在当前足球改革已经上升为国家战略,教育部积极推进校园足球活动的背景下,我国高校足球课程改革明显滞后。云南师范大学等高校足球课程设置的新举措,为我国其他院校足球课程改革提供了有益的新思路。

(二)校园足球活动中的竞赛组织形式

1."杯赛"开展广泛、高校"联赛"亟待加强

杯赛和联赛是足球比赛的主要形式。"杯赛"之所以广受各个高校欢迎,主要是因为"杯赛"相对"联赛"具有比赛场数少、赛

---

① 韩志芳.我国普通高等学校体育教育专业本科培养方案研究[D].北京:北京体育大学,2015:39-40.
② 董众鸣,柳志刚.上海市校园足球活动开展现状、存在的问题及建议[J].上海体育学院学报,2015,39(4):90-94.

程紧密、时间跨度小等特点。北京大学是目前国内举办校内赛事最多的高校,每年举办的比赛有北大杯(男女足)、新生杯、硕博杯、女子足协杯、4+2男女混合足球赛、九区杯(BBS版面)、教职工6人制联赛、校友联赛。联赛形式开展较好的高校是昆明学院,他们推行的3级联赛制度受到一致好评,即一级是以班级为单位,进行5人制足球比赛,不分男女组别,混合组队,其中规定每队中女生上场人数不得少于1人;二级是以学科专业为单位,进行11人制角逐,也是不分男女,混合组队,其中规定每队中女生上场人数不得少于3人;三级是以院系为单位,进行5人制、11人制比赛,比赛分为男、女2个组别进行,为学校总决赛。据调查,我国校园足球活动开展较好的高校,均有每年固定的杯赛与联赛赛事,如三峡大学、同济大学、广东工业大学、云南师范大学等。但大多数国内高校,受制于场地、教学等客观因素的制约,并没有固定的年度联赛制度。2015年,教育部等6部委关于《加快发展青少年校园足球的实施意见》中,明确规定高校要组织开展院系学生足球联赛[①];可实际是很多学校并没有落实这个标准,增强校内联赛建设,是当下校园足球竞赛活动开展的重中之重。

2."5人制"足球在各个高校得到广泛开展

依据参加比赛人数的多少,足球比赛主要分11人制和5人制2种形式,这2种形式也是国际足联正式比赛项目。在校园足球活动的实际开展中,各个高校根据各自具体情况的不同,还展开了9人制、8人制、7人制、6人制等形式多样的足球比赛,丰富了高校足球竞赛形式。相对于11人制足球参赛队员多、场地大、比赛时间长的特点,5人制足球以其人数少、场地小、时间短的特点更受各个高校的欢迎。昆明学院的5人制足球竞赛以班级为单位,每年有固定的联赛,实行最后以院系为代表队的总决赛制度。该校坚信通过自身的努力,持续不断地组织开展5人制比

---

① 教育部,国家发展改革委,财政部等.关于加快发展青少年校园足球的实施意见[S].2015.

赛,一定能实现夺取省内冠军、走向全国的宏伟蓝图。5人制足球近年来广受欢迎,主要是因为场地。很多学校由于没有足够大面积的校园,没有充足的地方去建设体育设施,只是拥有一块11人制足球场,学生没有地方去锻炼。2017年全国青少年校园足球工作研讨会上也指出,"场地缺乏是制约我国校园足球进一步普及的一大因素"①。在当下国家大力推进校园足球的背景下,对大多数高校来说,再新建一块11人制比赛场难度太大;而利用学校的边角地带新建几块5人制足球场,则难度降低了很多。随着国家层面给予校园足球有力、持续的支持,未来5人制足球运动将在我国高校得到广泛开展并取得飞速进步。

3. 组织职工和校友参与的赛事是校园足球竞赛的重要补充内容

依据参加比赛的人群性质不同,校园足球竞赛可分为学生组、教职工组、校友组、混合组等形式。校园足球活动通俗地说就是在校园里面展开的与足球有关的所有活动。学生和教师是校园的主体;教职工参与校园足球活动,可以锻炼身体、愉悦身心、体验足球的育人功能,更好地做好本职工作。高校教职工校园足球活动状况,将直接影响到本校校园足球的发展②。当前一些条件较好的高校都有自己的完备的教职工联赛和代表队。北京大学的6人制教职工足球联赛、同济大学跨年度教工联赛等,都已形成一套完善的竞赛体系,同时这些院校还成立学校教工代表队,参加校际间的交流。另有一些高校,虽然没有教职工正式比赛,但教职工参赛,一般不计名次,参加学生组的比赛。这也是一种很好的模式,师生同场竞技,既锻炼了身体、又促进了师生间的交流。当前我国高校教职工足球活动还存在组织管理手段单一、

---

① 易鑫,刘亦凡.2017年全国青少年校园足球工作研讨会举行[N].中国教育报,2017-05-27(1).

② 乔月枝.北京体育大学教职工开展文体活动的现状和若干问题的研究[D].北京:北京体育大学,2015.

基层足球制度较少等弊病[1]。随着人们对校园足球活动精神的逐渐理解以及对自身健康的不断重视,高校教职工足球活动将不断得到加强,在推动校园足球进步中扮演起重要角色。

校友是学校的财富,是发展校园足球的重要推动力量。通过校友参与的赛事,不但可以增加校友的母校情怀,而且可以为母校校园足球的发展献计献策、出资出力。目前国内在这个领域开展较好的高校是北京大学、华南师范大学等。截至2017年,北京大学校友足球联赛已经举办了5届。现如今该赛事已成功打造出一个以足球为纽带的校友社交平台,在推广校园足球运动、丰富校友业余生活、增进校友间文化交流上取得了阶段性成果。2017年由暨南大学创办的"广州市知名高校校友杯"至今已举办2届,汇集各大广州名校的精英校友,他们以球会友、交换心得、分享感受。在当前普遍场地、师资不足的现状下,如何加强这类赛事,是未来我国高等院校需要探索的一个方向。

(三)校园足球活动中的培训与校外交流

1. 校园足球活动中的各类培训

各类足球培训活跃并日渐专业化是当前高校校园足球活动中的一大趋势,尤其在师范类高校表现最为显著,因为师范类高校具有开展校园足球师资培训的学科优势和人才资源。教育部副部长田学军曾指出,"校园足球中要把培育培训师资队伍作为重中之重"[2]。师范类高校一般都设有体育学院或体育系,在开展校园足球活动方面拥有其他高校无法比拟的优势和资源。当前的这种校园足球培训大致分对内和对外两种形式。对内培训主要针对在校学生的足球教练员、足球裁判员、社会指导员等级培训等。

---

[1] 张卓林,杨辉,曹建承等.我国普通高校工会开展教职工体育的管理现状研究[J].北京体育大学学报,2010,33(2):78-80.

[2] 易鑫,刘亦凡.2017年全国青少年校园足球工作研讨会举行[N].中国教育报,2017-05-27(1).

对外培训主要针对社会人群,包括青少年业余足球训练培训、中小学足球师资培训、中小学校长、管理人员培训等。截至2017年4月,云南师范大学在校学生现有足球裁判227人,其中预备国家级3人,一级12人,二级212人。昆明学院是国家一级体育社会指导员培训基地,该校每年都要完成180名足球项目的国家一级社会指导员和1200名二级社会指导员的培训任务。西安财经学院与西安市足球协会合作,进行裁判员培训,学员全部来自陕西省各高校。这种面向全省其他高校学生进行培训的做法,有力地促进了高校校园足球活动的顺利开展。校园足球是个新事物,国际上没有成熟的案例可供借鉴。高校作为我国足球师资最为密集的群体,自然担任起校园足球活动的研究、探索与传授任务[1]。同时,随着欧美足球强国青少年训练理念和专业知识的不断更新,校园足球的执行者不约而同增加了对青少年足球专业知识和管理的需求。这些导致当前高校各类足球培训活跃,并随着不断积累,培训工作日渐专业化[2]。

2. 校园足球活动中的校外交流

当前校园足球活动中校际之间交流表现出不均衡的特点。这种不均衡性表现在2个方面,第一,全国性的超级组和校园组校际之际足球竞赛活跃,但其余足球活动校际间交流缺失。第二,以北京大学为代表的一小部分高校校际之间足球活动交流全面而频繁,但大多数高校之间足球活动交流单一而匮乏。《关于加快发展青少年校园足球的实施意见》指出,高等学校要组织开展校际足球交流活动等[3]。但现实情况是绝大多数高校普遍高度重视教育部或各教育厅举办的各类足球竞赛,而其他校际之间足球活动交流可有

---

[1] 鲁兵. 分层教学法在高校足球选项课中的运用研究[J]. 首都体育学院学报, 2007,19(1):79-80.

[2] 刘志云,王慧琳,任万勇. 增长模式:从校园足球开展看"全国学校足球运动联盟"建设态势[J]. 天津体育学院学报,2014,29(4):277-280.

[3] 教育部,国家发展改革委,财政部,等. 关于加快发展青少年校园足球的实施意见[S]. 2015.

可无。这也反映出当前高等院校发展校园足球普遍存在重竞赛成绩、忽视校园足球文化全面建设的不良倾向。《中国足球改革总体方案》中提出"让更多青少年学生热爱足球、享受足球,使参与足球运动成为体验、适应社会规则和道德规范的有效途径"①。提高竞技成绩只是国家发展校园足球的附带产品,主要目的是让足球为学生的成长服务②。北大院系女子足球代表队加入清华大学的女足联赛;邀请贝克汉姆、利特巴尔斯基、罗塞尔等足球名人进北大校园;参加国际足球邀请赛;举办中德足球论坛、德国科隆足球教练员培训班,与香港大学、香港中文大学的校级足球交流等一系列行动受到好评。昆明学院利用该校"云南省校园足球文化教育培训基地"的优势,组织全省高校比赛。2016年,昆明学院负责承办组织了16所昆明本地高校间的足球"周末联赛",利用周末的时间,采用主客场制的竞赛办法,进行了为期2个多月的63场校际比赛。花大力气组织这样规模的校际间比赛,开创了云南高校足球的先河,在全国也属于领先。广州工业大学校内联赛的冠军球队代表学校参加由该校牵头举办的广州高校足球邀请赛;岭南师范学院积极承办各类比赛,如2017首届国际城市聋人室内足球邀请赛、2016广东省五人制足球联赛湛江赛区比赛等。这些院校的做法,给其他高校校园足球活动的广泛开展带来借鉴之处。

二、中小学校园足球的发展现状

在探讨中小学校园足球的发展状况时,我们选取了广东省湛江地区的中小学为例进行研究。研究随机抽取了广东省湛江市下属5区5县的各一所中学和小学,共20所学校作为研究对象,然后给每所学校发放学生问卷44份,教师问卷4份,共960份。由此调查出中小学校园足球发展中的诸多元素的现状。

---

① 国务院办公厅. 关于印发中国足球改革发展总体方案的通知[S]. 2015.
② 曾丹,邓世俊,耿建华. 中国校园足球指导员培训教程[M]. 北京:人民体育出版社,2015:2-3.

(一)课余校园体育活动中学生足球选择现状

校园足球的参与主体是学生,学生的参与是直接影响校园足球活动发展的主要因素。通过学生选择参与课余体育活动项目情况统计(表1-1)可以看出,学生更加乐意选择羽毛球和篮球,两项占总数的38.17%;第三是跑步,足球位列第四,仅占总数的15.85%;羽毛球项目对场地、器材要求不严,运动量相对较小,但运动过程充满乐趣,因而受到广大不同性别同学的欢迎。18.05%的学生选择篮球项目,主要在于场地和教学两个原因。据本次调查,几乎所有的中小学都至少拥有一块篮球场,而足球场很多学校没有;其次篮球是各个学校体育教学的主要内容,而足球项目的教学受制于场地、器材、师资等因素,处于可有可无的地位。很多同学将相对枯燥的跑步作为课余活动的项目,原因在于跑步是体育考试的必考项目。因而,同学们选择跑步作为课余体育活动的内容,以提高自己的体育成绩。调查中还发现,130人中选择足球作为课余活动的项目,其中女生只有14人,占总数的10.77%;大多数女生在课余活动时,选择了羽毛球、乒乓球、跑步等运动量相对较小的项目。国家号召大力开展校园足球已经七年,而湛江地区的中小学仅仅15.85%的学生选择课余活动项目为足球,说明校园足球并没有得到良好的普及,并在活动开展过程中存在忽视女生的现象。

表1-1 学生参与足球活动的现状 n=820

项目	足球	篮球	排球	羽毛球	乒乓球	跑步	其他	合计
人数	130	148	42	165	94	145	96	820
百分比(%)	15.85	18.05	5.12	20.12	11.46	17.68	11.71	100

(二)各级领导部门对校园足球的重视程度现状

某项活动的大力开展离不开各级领导部门的全力支持与关注;同样,校园足球的发展状况很大程度上取决于领导的重视程度。通过对20所中小学,80名基层体育教师的问卷调查(表1-2),70%的调查者认为国家教育部和体育总局对校园足球非常重视,说明通过多年校园足球的开展,国家认识到了发展校园足球的重要性。与此相对应只有7.5%的调查者认为各级地方管理部门,主要是各级教育部门和体育局对校园足球非常重视,36.25%的人认为各级地方部门不重视和极不重视。说明在开展校园足球的文件下发后,在各级执行部门遇到重重阻力。原因是多方面的。例如,各级体育局认为校园足球是教育局的事情,体育局的任务还是竞技体育;而各级教育局受制于精力、能力等种种原因,在开展校园足球活动中,出工不出力。究其原因,在于国家下发文件后对文件的执行力度不够。由于各级管理部门对校园足球的不重视,40%的调查者认为该校领导对校园足球不重视或极不重视。在当前应试教育第一的大环境下,衡量一个学校办学水平的重要指标还是升学率,因而各级学校在开展校园足球的活动过程中不敢放开手脚,生怕影响学生学习成绩。本次调查中,有26.25%的人认为体育教师对该项活动不重视。出现这种调查结果,主要在于各个教师的专项不同,校园足球活动受到足球专项教师的欢迎,但其他专项教师则出现抵触情绪。

表1-2 各级领导部门对校园足球的重视程度 n=80

各级领导	非常重视	重视	一般	不重视	非常不重视	总计
部门1	56	24	0	0	0	80
百分比(%)	70.00	30.00	0.00	0.00	0.00	100
部门2	6	12	33	24	5	80
百分比(%)	7.50	15.00	41.25	30.00	6.25	100
部门3	11	18	19	27	5	80
百分比(%)	13.75	22.50	23.75	33.75	6.25	100
部门4	11	16	32	21	0	80
百分比(%)	13.75	20.00	40.00	26.25	0.00	100

注:部门1,包含教育部国家体育总局;部门2,包含各级地方管理部门;部门3,包含学校主要领导;部门4,包含体育科组组长与教师。

(三)学生参与足球活动的动机

表 1-3 对 130 名选择足球作为课余活动项目的学生进行参与动机调查。结果显示,学生选择参与足球项目的动机是多方面的,其中学生的兴趣与足球运动本身所带来的快乐起到主要作用,各占总数的 29.23% 与 27.69%。兴趣是最好的老师,因此应当通过各种途径培养学生的兴趣,对部分身体条件较好但不太喜欢足球运动的同学可以通过强制性的方式,让其参与到足球活动中,慢慢培养兴趣,体会足球运动本身给参与者带来的快乐,进而使他们喜欢上这项世界第一运动。14.62% 的同学选择培养足球特长作为自己参与足球活动的动机。校园足球的广泛开展,群众足球的轰轰烈烈,使得同等条件下,具有足球特长的学生在升学、就业等方面比其他项目的特长生具有明显的优势,这也是吸引学生参与足球运动的一个原因。球星的作用不可估量,当前我国职业足球蓬勃兴起,职业足球运动员在社会所获得的荣誉、高额的收入也对青少年参与校园足球活动具有强烈的吸引力。随着我国职业足球的进一步发展,这种球星吸引效应会越来越明显。因此在当前校园足球活动中,教师、学校、行政部门等应多角度、多渠道宣传引导学生参与该项活动中,甚至不惜制定硬性指标,让学生接触足球,慢慢培养其兴趣,唯有如此,校园足球活动才会充满生机。

表 1-3 学生参与足球活动的动机   n=130

动机	培养足球特长	职业运动员	喜欢足球运动	带来快乐	缓解学习压力	强身健体	其他	合计
人数	19	15	38	36	9	8	5	130
百分比(%)	14.62	11.54	29.23	27.69	6.92	6.15	3.85	100

(四)影响学生参与足球活动的因素

表 1-4 对 690 名没有选择足球作为课余活动项目的学生进行影响因素的调查。结果显示,学业繁忙占总数的 29.28%,排名第

一;场地器材缺乏的占21.45%,位列第二;第三是对抗激烈、容易受伤占总数的16.09%。学业繁忙、场地不足不仅仅是影响校园足球活动开展的主要因素,也是影响中小学生课余体育锻炼的重要因素[1]。应试教育在中国存在了几千年,近年来越演越烈,相对应我国国民体质持续下降。虽然党和政府采取种种措施提高青少年的体质,但收效甚微。很多学校学生课余时间要么被文化课占用,要么学生自己在教室中埋头于无尽的作业当中,很少有机会和时间到运动场进行锻炼。一块标准的足球场占地7140平方米,相当于17块篮球场的面积。在寸土寸金的城市,很多学校没有足球场,场地的不足严重影响了这类学校校园足球活动的开展。校园足球不仅限于11人制的足球,七人制、五人制、笼式足球、街头足球等都属于校园足球的范畴。校园足球的精神实质是通过开展校园足球运动来提高学生的体质,运动成绩是校园足球的附带产物。因此要转变思路,开展丰富多彩的足球活动。有条件的学校开展11人制足球,没条件的学校开展小型足球、趣味足球,唯有如此校园足球才能得到真正发展。一项针对江苏省普通中学1199例运动损伤的调查显示,跑步中的损伤占全部伤害的36.1%;其次是篮球项目,占总数31.3%,而足球项目的损伤仅为总数的6.3%[2]。因此参与足球运动容易受伤是一种错误的认识,也从一个侧面反映出当前校园足球开展过程中,缺乏宣传与正确的引导,使学生产生畏惧情绪影响了活动的开展。

表1-4 影响学生参与足球活动的因素 n=690

因素	学业繁忙	场地器材不足	运动量大	容易受伤	没有足球氛围	缺乏组织	其他	合计
人数	202	148	43	111	76	63	47	690
百分比(%)	29.28	21.45	6.23	16.09	11.02	9.13	6.81	100

---

[1] 宋亚炳,谭马利,阮锦东,等.广东某两高校大一学生体质现状研究[J].湛江师范学院学报,2014,35(06):141-147.

[2] 朱建民.江苏省普通中学体育伤害流行病学研究[D].上海:上海体育学院,2011.

(五)家长对学生参与校园足球活动的态度

中小学生对家长的物质和精神依赖是全方位的。所以,学生参与足球活动也受到家长支持程度的影响。从表 1-5 可以看出,77.44%的家长反对自己的子女参与足球运动,获得家长支持的仅有 19.02%。

表 1-5　家长对子女参与足球运动的态度　n＝820

家长的态度	支持	反对	不确定	总计
人数	156	635	29	820
百分比(%)	19.02	77.44	3.54	100

表 1-6 对家长反对子女参与足球运动的原因进行了调查,37.32%的家长认为踢球没有发展前途,32.28%的家长害怕孩子受伤,23.31%的家长认为踢球会影响学习。在我国传统观念影响下,家长总是用学习成绩的好坏来衡量自己的孩子,迫于孩子升学的压力,家长间互相攀比子女学习成绩的好坏,往往忽略了对子女身心健康的培养。因此,77.44%的家长对自己孩子参与足球活动是持反对态度的。首先,"万般皆下品,唯有读书高""君子劳心,小人劳力"等两千年的儒家思想的熏陶,以及中国足球一次又一次的失败和很多负面报道,让 37.32%的家长担心孩子参与足球运动以后没有前途甚至深受其害。其次,现在的孩子大部分是独生子女,孩子是父母眼中的一切。足球运动的高对抗性,让 32.28%家长对参与该项运动会对自己孩子造成不必要的伤病深感担忧。第三,繁重的学业,社会中铺天盖地辅导班的宣传,使得 23.31%的家长认为参与足球活动会影响学习,甚至会使孩子迷恋足球,不务正业。学生家长对校园足球的了解与支持程度以及对足球运动价值的认识程度,对学生参与校园足球运动有着重要的影响。大部分家长并没有正确认识到体育活动与教育的关系,还没有把校园足球看作学习活动的重要组成部分。

表1-6 家长反对子女参加足球运动的原因　n＝635

原因	影响学习	害怕受伤	踢球没前途	其他	合计
人数	148	205	237	45	635
百分比(%)	23.31	32.28	37.32	7.09	100

(六)中小学足球场地设施现状

所抽取的20所学校中,有9所学校拥有土地足球场,占调查总数的45.00%;有4所中小学拥有真草坪足球场地和人工草皮足球场,占调查总数的20.00%;有7所学校没有足球场地,占总数的35.00%(表1-7)。最近几年湛江地区的经济有了长足的进步,学校的体育设施不断健全。在调查的20所中小学中,湛江市区几个学校的场地较好,器材也相对比较齐全。但各个县城、乡镇的学校由于多种原因场地条件很不理想。总体来说湛江地区中小学学校足球场地设施不尽人意。没有足球场地的学校所占比重太大,不利于校园足球的正常开展。而且在实地考察过程中发现一个问题就是拥有比较健全足球场地设施的学校大部分集中在市区,其中四所拥有草坪足球场的学校都在市区,说明乡镇的学校的设施与市区相比还有不小的差距。两者之间的差距充分表现了足球活动开展的不均衡性,足球的普及程度也有待提高。场地是学生日常训练的地方,场地不好直接影响着学生对足球训练的积极性,也影响着校园足球活动的顺利开展。良好的场地设施是开展校园足球的一大保障。虽然有足球场地的学校占了65.00%,但是有很多是不能用的场地,比如土足球场,坑洼不平,存在安全隐患。这表明在校园足球活动的开展中,场地建设滞后,制约了校园足球活动的广泛开展。

表1-7 学校足球场地情况统计　n＝20

场地	真草坪	人工草坪	土场	没有	合计
频数	1	3	9	7	20
百分比(%)	5.00	15.00	45.00	35.00	100

(七)体育教师师资力量的现状

表 1-8 显示,作为中小学体育课程基本教学内容的田径,专项教师占调查总数的 32.50%。田径项目号称运动之母,每个学校每年都要举行传统的田径运动会,加上田径是中考的重要内容等等,因此,田径专项的体育教师最多。其次是篮球,篮球参加人数少,比赛场地不大,便于教学与组织开展比赛,最主要原因是各个学校都拥有篮球场,因而篮球专项的教师占本次调查的 20%。足球专项的教师以 16.25% 排第三,初看好像比例合适,但考虑到本次调查问卷发送到各个学校体育教研室,首先由足球项目的老师来填写,因而这个比例存在偏高趋势。即使如此,在校园足球开展已经 7 年的时间里,20 所调查学校,至少有 7 所学校是没有设置足球专项教师的。一名专业的足球教师是一所学校校园足球活动开展的核心人物,没有一名好的领头人,可想而知,该校的校园足球的发展会是什么样的一种状况。这说明在学校的体育师资力量上足球教师的缺乏,极大地阻碍了校园足球的顺利开展。湛江地区足球教师人才方面是个重要的缺口,只有弥补好这个缺口才能有可能保证校园足球的顺利进行。另据本次调查,80 名受调查的体育教师,30 岁以下的占总数的 16%,30～50 岁之间占总数的 78%,50 岁以上的仅有 6%。这说明体育老师大部分都年富力强,因而可以通过对其他专项教师的足球培训,来解决校园足球的活动中师资力量的不足。

表 1-8 体育教师的专项现状　n＝80

专项	田径	足球	篮球	排球	体操	游泳	乒乓球	其他	合计
人数	26	13	16	4	2	6	5	8	80
百分比(%)	32.50	16.25	20.00	5.00	2.50	7.50	6.25	10.00	100

(八)中小学校足球比赛开展现状

表1-9显示,在调查的20所学校中有自己足球队的学校有16所,占了80.00%。初看数字较为喜人。但学校足球队每周训练3～5次的,只有3所,占有足球队学校总数的18.75%,其余81.25%的学校足球队,是有比赛才临时组队。学校足球代表队是校园足球活动的重要组成部分。通过代表队的训练与比赛可以带动周围的同学自觉地参与足球活动中去,进而锻炼身体,增强竞争能力。同时,参加代表队训练的同学,既能为我国竞技足球培养后备力量,又使学生思想意志经受了磨炼,提高了承受能力和心理适应能力,得到成长。代表队外出参加比赛,能够为学校争得荣誉,扩大影响力,提高知名度。

表1-9 学校足球队情况统计 n=20

	有	无	合计
频数	16	4	20
百分比(%)	80.00	20.00	100

表1-9结合表1-10进一步说明,81.25%的学校代表队的组建,是为了应付上级组织的比赛而临时组建的,校园足球并没有真正开展起来。校园班级足球比赛能够带动广大在校学生参与体育锻炼的激情,使该校的校园足球活动出现一个高潮,对形成良好的校园足球文化氛围具有积极的促进作用,良好的校园足球文化对校园足球的发展至关重要[1]。

---

[1] 杨献南,安琪,伦智江.我国青少年校园足球研究:现状、问题及方向[J].吉林体育学院学报,2014,30(06):41-46.

表 1-10　近 5 年学校班级足球比赛情况统计　n＝20

	有	无	合计
频数	5	15	20
百分比(%)	25.00	75.00	100

(九)中小学校园足球发展现状的总体结论

(1)中小学校园足球普及率不高,并且在活动开展过程中存在忽视女生的现象;基层领导部门对校园足球活动不够重视,学校体育老师对校园足球出现抵触情绪。

(2)学生选择参与足球活动的动机是多方面的,其中学生的兴趣与足球运动本身所带来的快乐起到主要作用,学业繁忙、场地缺乏、对抗激烈、容易受伤是影响学生参与足球活动的主要原因。

(3)家长对孩子参与校园足球的支持率较低,反对孩子参与校园足球运动的理由主要包括踢球没有前途、害怕孩子受伤和影响学业;场地建设滞后制约着校园足球活动的广泛开展。

(4)师资力量不足,足球专项的教师所占比例较低;只有较少学校拥有每周训练 3 次以上的校足球队,大多数学校每年没有定期开展校园班级足球比赛,校园足球活动开展令人担忧。

第二节　我国校园足球教学现状分析

足球运动具有寓教于乐、强身健体的属性,其中包含着很强的健身、健心、娱乐、教育等价值,因此非常适合在校园中开展。事实也证明足球这项运动在学生中普遍有着较高的人气,成为校园体育活动中的主角。然而就现阶段的发展现状来看,我国的校园足球教学依旧存在诸多问题,这些问题制约着校园足球教学的效果,具体问题如下。

一、教学目标不合理

在现如今,大多数学校在制定校园足球的教学目标时总是经常性地忽略对学生终身足球意识和运动习惯的培养,关注更多的是短期的阶段教育,多为以考核学生的足球技战术能力的方式展现。显然这是不符合国家的校园足球主体发展目标的。即便有些学校在相关教学目标的描述上并不缺失,但经过仔细阅读可以发现往往对目标的描述较为含糊,这会让教师和学生都无法明确足球教学的任务。在此情况下,教师不清楚怎样才算是完成了教学任务,实现了教学目标,而学生也不清楚何种表现才是学有所成。此外,制定校园足球教学目标时对一些指标性描述也不精确,并且没有制定出一套评判足球教学任务是否完成的标准。种种这些都使得校园足球教学缺少方向指引,始终处在摸着石头过河的发展境况中。

以足球运动理论内容的教学为例,大多数学校基本都将教学目标设置为"对足球基本理论知识、训练方法、竞赛规则等的全面掌握"。但对学生掌握到什么程度上才算是掌握,应该有什么程度的表现则没有一个相对统一的可量化的标准。因此,在这种情况下生成的教学目标更多像是为了补足目标栏的空白,而目标的实际功能则难以真切得到发挥。

二、教学内容与对象不符

在校园足球教学中,经常会出现教学内容与教学对象不符以及两者匹配度较差的问题。在教学实践中,这类问题的表现主要以下面两种形式出现。

(1)在校园足球教学中,对足球技术的教学是非常重要的部分。教授这部分内容主要是为了能使学生顺利参加足球实践活动,而足够的技术储备是必需的。这也是激发学生参与足球运动的兴趣的重要方式。然而,足球技术类型多样,数量众多,其中有些技术还相对复杂,不适合身体素质一般的学生参与,如果不经筛选开展技术教学,反而对学生掌握技术不利,甚至还可能会增加学生遭遇运动性伤病的概率。

(2)一般情况下,校园足球教学的顺序普遍为先技术、后战术,这遵循的是循序渐进的原则,有利于学生对这些内容的接受。但这样也产生了一个问题,那就是,过于被割裂开的技术与战术的教学,会抑制学生将技术与战术相互联系的能力,不同足球战术对技术的具体要求也无法得到体现。技术是战术的基础,战术由技术组成,两者始终是有着紧密联系的,这也是足球运动的规律之一。如果这一问题得不到解决,足球教学也就难以取得预期效果。

(3)教学内容缺乏趣味,学生兴趣丧失。由于现在很多学校开展的足球教学活动不论是选择的教材,还是实践教学方法,都过多地移植了专业足球的模式,这些模式针对学生学习而言,显然是有些"水土不服"的。其最大的问题就在于专业性足球学训的重点在于培养专项运动员,具有非常鲜明的竞技性特征。而校园足球的开展所针对的是广大的学生,他们在学习足球运动时更在意的是获取健身、健心、寓教于乐的价值。这种矛盾的出现就使得教学内容不符合学生的期待,也不利于他们终身体育意识的培养,再加上现有的足球理论知识较为陈旧,足球技术训练方法缺乏创新,这些都影响了学生参与足球运动的兴趣。

三、教学方法陈旧

通过研究发现,目前所用的教学方法过于老旧,缺乏新意,难以满足现代学生对足球运动的学习需求,由此致使足球教学课堂氛围死板,学生兴趣降低,动机难以被调动起来,反过来教师的教学兴致也不高。

在过往的校园足球教学实践中,教学方法的选择主要是由教师决定的,方法也多为传统的语言法、直观法、练习法、分解与完整法、比赛法等。教学方法常年没有创新,教师缺乏创新的意识,这一方面确实与教师的探索精神和工作积极性有关,另一方面也与当前校园足球发展的思路有关。在现有的教学体系下,教师以完成教学任务为己任,缺少对学生个体性的关注,教学往往是"一刀切"的模式。总体上看,这显然对学生的个体足球能力的提升不利,同时也阻碍了教学质量的提升。

如今,电化、多媒体等教学手段的出现极大地丰富了足球教学方法,然而这些看似值得广泛推广的方法在教学实践中的应用也不如预期。这些新方法在应用时所受的限制主要归结为以下两个原因。

(1)多媒体器材对于所有学校来说都属于稀缺器材资源,且大部分学科都有使用的需求,相比之下,安排给足球教学的几率就非常低。

(2)电脑或多媒体等的使用需要搭配系列课件。目前市面上现有的足球教学课件本就很少,即便有,其内容也可能与学校的足球教学内容或目标匹配度也相对较低。若由本校足球教师亲自制作适合本校足球教学内容的课件,又给教师的计算机应用能力提出了较大的考验,这点对那些教学资历较深的老教师的影响更大,他们多数对电脑和软件并不精通,从零开始学习起来也有一定困难。这也是先进教学手段难以在足球教学中得到运用的原因之一。

四、课余训练不足

校园足球教学实际上包含有课堂足球教学和课后足球训练两个部分。但在现阶段,多数学校更关注的是课堂教学的部分,而对课后训练的关注较少,不能将两个部分进行有机整合。对待这一问题,甚至很多足球教师都秉持的是课余训练对提高学生的技术水平没有太大帮助的观点。由此就导致学生在课余时间进行的足球训练等活动越来越少,白白浪费了宝贵的课余时间。

但实际上,足球作为一项技能导向类体育项目来说,三分教七分练是最合理的搭配比例。在研究了一些校园足球发达国家的情况后,也了解到课堂上重在讲授新的内容,做一些尝试性的练习,课后时间才是学生进行练习和增长技能的关键时期,至少这对技术的培养来说是如此。而我国校园足球过于注重课堂教学成果的现状,往往会使那些接受能力不强的学生无法较快掌握课堂知识,而在课后也缺乏指导,教学效果大打折扣。

第三节 我国校园足球训练现状分析

对校园足球运动训练现状的研究主要以高中为例来进行分析与说明。

一、训练时间不足

校园足球训练与专业足球训练有着本质上的不同。学生参与的校园足球训练要以不影响文化课的学习时间为前提,学生参加足球训练的时间应该是绝对的业余时间。但是,如果是按照这一原则开展训练,就会体现出足球训练时间不足的问题。

通过调查可知,现今很多学校的足球训练的时间仍旧是以一堂教学课的时间为标准的,即45分钟一堂课。但对于足球运动训练来说,45分钟是远远不够的,不足以使学生在训练中获得应有的技能上的进步。

二、训练次数多变

校园足球训练经常处于一种不太"平稳"的状态,在显现出训练时间不足的同时,每周的训练次数也可能是不定的。作为校园足球活动中的一种形式,学校中的课余足球训练每周平均不会超过4次,能达到4次的学校已经算是课余足球训练活动开展频繁的了,有很多每周训练的次数也就是2~3次。为此,如何在不占用文化课学习时间的前提下增加学生足球训练的周次数,就是目前促进校园足球整体水平提升亟待解决的问题之一。

三、训练系统不完善

当学生成长到中学阶段后,特别是进入到高中阶段后,其所掌握的足球技战术能力就基本已经定型了,甚至有些学生还形成了自身的技术特点。此时,要想使学生进一步在足球技能上有所提升,关键就在于对其技术运用上的引导。中学阶段作为一个承上启下的时期,还要培养学生战术意识和战术配合能力,这对于提升其实战效果大有帮助,同时也是为技能的不断进阶打下坚实的基础。然而在实际当中,即便是对于中学生,学校足球教学也难以保证系统的训练,这容易造成学生的足球运动技能出现短板,从而在实战中不能自如发挥自身能力。

四、体能训练没有引起重视

足球是一项对运动者的体能有着较高要求的运动,两队之间的足球对抗,也是对双方体能的一种对抗,而足够支撑足球运动的体能是需要通过训练获得的。为此,教师在组织校园足球训练时就应对体能训练同样给予重视。特别是对于中学阶段的学生来说,已经可以给他们安排一定量的体能训练,这种训练对他们所处的身体发育阶段来说也是适合的,这会使他们的体能状况有飞速的提升。众多调查都显示,学生所掌握的足球技战术能力水平参差不齐,总体上说水平是偏低的。这一原因的形成除了技术能力的培养方式外,还与缺乏体能训练有关。众所周知,体能是足球运动的基础,当运动员体能出现问题时,其做出的技术动作的质量也会降低。因此,为了提升学生的技战术能力,也可以从加强体能训练上入手。

第四节 我国校园足球管理现状分析

一、校园足球管理过程中面临的问题

(一)管理机制不够完善

相比于校园足球开展较早和发展较为发达的国家,我国的校园足球起步晚、发展慢,其中就包含着相关管理机制不够完善的问题。管理机制的不完善与校园足球相关专业人才的缺乏和学校的重视不足有关。现如今我国校园足球的开展普遍依靠的是以往的体育教育经验,与普通的体育教育管理机制雷同。但校园足球这一新形态的发展终究不同于传统的体育教学,在体育教学为基础的管理机制下,校园足球的运转总是会遇到各种问题,需要优化的地方太多。目前,有关我国校园足球管理机制的研究正处于起步阶段,对这一机制的研究还有很长的路要走。

(二)校园足球政策的实施条件和教育理念有待提高

为了使校园足球的政策落实起来更加顺利,无论如何是缺少不了正确的理念引导和必要的客观条件,特别是对于对硬件条件有着较高要求的足球运动来说更是如此。例如,作为校园足球的主导者,足球教师在学校中的待遇几乎是与体育教师齐平的,甚至很多人认为足球教师就是体育教师,但实际上足球教师具有更强的专项性和技能性,其负责的工作也更多,理应获得更高的待遇。除师资外,学校可供开展足球运动的资源也较少,最为突出的就是场地少或场地不符合标准等,如果在不能解决场地问题的情况下谈校园足球的发展,无疑就是痴人说梦。但学校(特别是中小学)缺少足球场地及相关设施却是不争的事实,这的确是禁锢校园足球普及和发展的首要问题。因此,想方设法提高与校园足球开展的相关条件和落实相关政策就是当务之急的事情。

二、加强校园足球有效管理和评价的方法

(一)健全校园足球教学的监督和管理机制,实现科学教学

只有科学开展校园足球活动,才能收到良好的活动效果,得到学生的认可,使其在活动中得到身心等多方面的效益。为此,在校园足球的建设中,很多学校采用了分组管理的方式,这有助于不同足球教师对校园足球的不同理解来进行教学,如此使校园足球各放异彩,然后再以小组形式互相交流心得,评价最理想的组织方法。当然,要想实现这种分组管理的方式,需要得到校方的认可,并成立专门的领导小组来协调各种事务。为提高管理效率,可由校长或校长指派的专门人员牵头组建校园足球领导小组,分组分级进行管理,定期对组内成员的教学内容和教学成果进行交流和考查。此外,还应定期邀请领域内的专业人士来校举办培训活动,以不断提高足球教师和管理者的业务水平。

(二)为足球教学的发展创建良好条件,积极打造足球特色学校

与其他学科的教学不同,足球运动对硬件的配置有着较高的要求,甚至以目前我国学校的总体硬件水平来看,几乎有一半多难以达到要求。但万事事在人为,如果能将学校中现有的可供足球运动使用的体育资源调动起来,校园足球的开展还是可以的。

在师资方面,应加大调配力度,使其尽可能满足校园足球所需。在对教师的管理上应本着民主开放的原则,多多听取一线足球教师的意见,鼓励他们对新手段和新方法的尝试和创新。

在设施方面,为保障学生足球活动的安全性,学校应定期对器材设备进行维护。另外,足球场的养护是一项专业性较高的工作,需要聘请专业人员定期对足球场地进行维护。其他教学和训练使用的器材在日常要保障充足,对器材的管理要有制度有规范。

(三)加强校园足球的训练和竞赛

足球运动是一项竞技性十足的团队项目,这就注定了团队的协作和默契感是要在竞赛中得到磨合的。因此,在校园足球开展中适当加入一些竞争的元素,更能激发学生的参与热情。如果条件允许,学校可以年级为单位组织足球训练队,并定期组织校内比赛或校际比赛,这是期待以竞争的形式吸引更多的学生关注足球,热爱足球。为了保证训练的科学性和安全性,在训练过程中要配备必要的安全设施以及医疗应急设备,以及有医务人员在学校提供医疗支持。

第二章 校园足球"学训一体化"培养机制与相关学科理论基础

校园足球的发展,重在教学与训练。教学,是传授校园足球理论知识和技能的重要手段,这是校园足球发展的重要基础和前提;在此基础上,还需要经过科学系统的训练,来有效提升学生运动员的专项技能和运动能力。由此可见,校园足球的发展是通过教学与训练的相互配合、相互促进而实现的。本章就对校园足球"学训一体化"培养机制及其在生理学、心理学和教育学几个方面的理论基础加以分析和探索,奠定坚实的理论基石。

第一节 校园足球"学训一体化"培养机制的概念

一、"学训一体化"培养机制的概念界定

"学训一体化"培养机制,从字面上来看,就是将学习与训练结合起来同步发展的一种培养机制。通常,"学训一体化"培养机制的构成因素有两个方面:一个是体育特长技能培养,一个是文化知识培养。

在校园足球运动员的培养过程中,学习与训练不能兼顾的矛盾是普遍存在的,校园足球运动员在校园足球专项技能方面通常会有突出的表现,但是在学习成绩上却通常很不理想,这就使得

专项技能和学习成绩两者不一致。[①] 因此,为了有效修正这一弊端,学训一体化的培养机制构想便被提了出来,也就是将学与训有机融合起来,这对于选拔、培养和输送各方面都出类拔萃的优秀校园足球后备人才是有所助益的。

二、校园足球"学训一体化"培养机制构建的必要性

(一)校园足球运动员对"学训一体化"培养机制的构建需求

受素质教育的影响,以人为本、全面发展成为教育过程中强调的重点,对于校园足球运动员来说,他们的个体意识和基本需求都是要充分考虑的重要核心内容。调查发现,大部分学校的校园足球运动员,都认为"学训一体化"培养机制的构建是非常重要且必要的,这也在一定程度上反映出了校园足球运动员的整体意识有了提升。"学训一体化"培养机制对于校园足球运动员学习与训练的关系起到积极的调节作用,这也一定会为校园足球运动员带来全新的学习体验,为今后校园足球运动的发展提供支持。

(二)家长对"学训一体化"培养机制的构建态度

从家长的角度来说,其对校园足球运动员的支持,及对校园足球和体育教育的理解,都会对校园足球运动员的发展产生决定性影响。家长是学生开展学习行为、构建综合素质能力体系的必要保障。调查显示,大部分家长对学校构建"学训一体化"培养机制是持支持态度的。

[①] 崔海晗.沈阳市中学体育特长生"学训一体化"培养机制的 SWOT 分析[D].沈阳师范大学,2014.

(三)教练和指导教师对"学训一体化"培养机制构建的认可度

在校园足球运动员的发展过程中,教练和指导教师所起到的积极的引导作用是不可忽视和替代的关键性因素,同时,他们还在校园足球运动员的发展过程中扮演着重要的训练计划的制定者和组织者的角色。调查发现,大部分的教师普遍认为"学训一体化"培养机制的价值是比较高的,有大力推广和应用的实践价值。这主要是因为当前对校园足球运动员的培养仍然采用的是传统的培养机制,这就对校园足球运动的发展产生了限制作用。同时,教练和指导教师也更愿意在素质教育理念的指引下,为校园足球"学训一体化"培养机制的构建与形成提供其所需要的助推力。

三、校园足球"学训一体化"培养机制构建的特点

(一)校园足球"学训一体化"培养机制构建的优势

1. 现代社会对体育教育越来越重视

新时代社会主义背景下对体育教育的重视程度不断提升。在"体育强国"战略背景下,"全民健身""终身体育""健康第一"等思想越来越被人们所接受,并且相关的体育运动、锻炼活动等如火如荼地开展,学校体育教育的环境也在不断优化。在这种情况下,校园足球运动员的数量在逐年增加,政策的支持为"学训一体化"培养机制的探索提供了必要支持。

2. 素质教育的快速普及与发展

在素质教育的影响下,学生的综合素养整体也有所提升,这就间接反映出来应试教育的弊端,同时,对能力的重视程度不断

提升。校园足球运动员"学训一体化"培养机制的形成,能够使素质教育的基本要求得到满足,两者相辅相成、互为促进。

3. 走出"唯成绩论"的发展误区

校园足球运动员的规模在不断扩大,"学训一体化"培养机制打破了传统的"唯成绩论"的发展模式,为校园足球运动员的成长提供了新思路。

(二)校园足球"学训一体化"培养机制构建的劣势

1. 仍然存在应试教育体制的影响

现代社会对体育教育的重视程度越来越高,校园足球运动员也因此而受惠,但是,在"学训一体化"培养机制的构建过程中,仍然存在着传统应试教育的影子,可能出现"避重就轻"现象,从而影响"学训一体化"培养机制的构建,这也是近阶段需要重点解决的重要问题。

2. 家长"望子成龙"心理的影响

家长作为孩子的第一任老师,家长的态度会对校园足球运动员的发展产生直接影响。家长对开展校园足球"学训一体化"的重视程度会影响到校园足球运动员的信念,使其产生相应的心理变化,对其学习效果及健康成长产生影响。

3. 学校物质条件的约束

部分学校对校园足球运动员学习和训练所需的物质条件的支持力度有限,从而影响"学训一体化"培养机制发挥其应有的作用。

(三)校园足球"学训一体化"培养机制构建的机遇

作为教育体系的重要组成部分,体育教育在其中所占的比重

第二章 校园足球"学训一体化"培养机制与相关学科理论基础

越来越大,这也在一定程度上反映出了教育现代化和多元化发展的一个显著趋势。校园足球运动员"学训一体化"培养机制的构建,与大环境的支持是有密切关系的,这样才能够将体育教育的内在价值充分体现出来。校园足球运动员"学训一体化"培养机制的构建,面临一定的发展机遇,但是,其广阔的发展前景也是不可忽视的。

(四)校园足球"学训一体化"培养机制构建的挑战

校园足球运动员的发展方向是非常明确的,但是,其仍然与社会需求之间存在着一定的矛盾,这种对应关系的不明确,造成了问题的出现,对"学训一体化"培养机制的实效发挥也会产生影响。

四、校园足球"学训一体化"培养机制构建的策略

(一)按照校园足球运动员需求制定可行性方案

(1)形成理想的培养方案。要以校园足球运动员的自主需求和对应学校的人才需求为依据,来有针对性地调整校园足球运动员的教育环境,与此同时,还要认真研究考试内容,吃透考试大纲,对各专业的要点完成分析,明确考核侧重点。[①]

(2)要对校园足球运动员"学训一体化"的培养环境进行进一步的优化和改善,制定系统的周期性培养方案,确立培养框架,并按照训练框架和基本方案严格执行。

(二)积极转变理念,与社会发展需求相适应

随着社会的不断发展,校园足球运动员的培养也要相应地有

---

① 张学成,赵鑫.中学艺体生"学训一体化"培养机制的SWOT分析与构建策略研究[J].青少年体育,2020(03):92-93+69.

所改变,需要坚持动态性,具体来说,就是在校园足球运动员的教学和训练过程中,要摒弃传统理念,确保培养目标与社会的发展需求保持高度的一致性。

对于校园足球运动员"学训一体化"培养机制的构建来说,转变理念是重要的前提条件。从学校的角度来说,其要对校园足球运动员发展的重要性有深刻的理解,同时,还要保证为此提供多元的政策支持、适当的资源倾斜,并鼓励教师去探索"学训一体化"的发展模式,这些对于"学训一体化"培养机制的构建具有关键性作用。从教师的角度来看,要求其要对教学和训练方法进行不断的探索和研究,从而保证其多元化特点,将更多先进的训练理念应用到培养机制中。同时,也要去了解校园足球运动员社会需求的基本情况,了解校园足球运动员的发展现状,从而能够在具体的培养方面更加具有针对性。

理念的转变是比较难的,同时,其还要与社会发展需求保持一致,以保证校园足球运动员"学训一体化"培养机制取得实效。

(三)定期做好对家长和学生的心理讲座与疏导

校园足球运动员作为一个特殊群体,"学训一体化"培养机制的构建,对校园足球运动员的发展具有积极作用。但是要注意的是,当前校园足球运动员的发展环境并不理想,导致这一群体面临着较大的心理障碍。为此,有针对性地做好心理疏导等相关工作是非常重要且必要的。

从体育教育的角度来看,学校是重要的主体,其需要从自身出发,定期邀请学生家长和校园足球运动员参加有关心理疏导的讲座,传授家长心理疏导的方式方法,做好对校园足球运动员心理健康状况的有效调节,某种意义上来说,这样的心理调节活动能够使校园足球运动员意识到学习和训练的重要性,心理上的压力会得到有效纾解,并学会自我调节,在良好的环境中学习和训练,对于校园足球运动员的健康成长是有利的。

第二章 校园足球"学训一体化"培养机制与相关学科理论基础

(四)做好基础设施建设与资源方面的整合

针对校园足球运动员的"学训一体化"培养机制的构建,也不能忽视了基础设施的建设和资源整合。这也是构建这一培养机制的重要条件。具体可以从以下几个方面着手。

1. 基础设施方面

不管是什么样的体育教育,各个开展校园足球的学校都必须完善基础设施建设,为校园足球运动员的健康成长提供必要的支持,使其在良好的学习和训练环境中提升专项技能,并健康成长。

2. 教学资源层面

在教学资源方面,首先要做好教材资源,这是非常重要的前提。除此之外,学训资源的丰富和充实也不能忽视,可以开拓更多渠道和平台,积累更多内容,以便为校园足球运动员提供良好的学习和训练环境。

3. 师资方面

从教师的角度来说,不断实现自我提升,更新教学和训练理念,尝试更多元的教学和训练方法是其首要任务,也是满足校园足球运动员"学训一体化"培养机制的基本要求。

第二节 校园足球"学训"的生理学基础

一、校园足球运动员身高与体重生长发育规律

校园足球运动员的训练过程同时也是身体生长发育的过程,两者是同时进行的,这就要求教师和教练员一定要正确认识校园足球运动员的生长发育规律。具体来说,教练员在校园足

球的学习和训练过程中,不仅要对每个校园足球运动员个体的特殊性有充分的把握,还必须掌握校园足球运动员生理、心理方面的共性。只有这样才能合理制定训练目标,科学安排训练负荷,恰当地挖掘他们的运动能力,与校园足球运动员的正常成长规律相适应。

从人体生长发育曲线图(图 2-1)中可以看出,生长发育曲线通常都是呈 s 形的曲线,主要是指校园足球运动员体重、心肺功能、骨骼、消化系统等指标的变化。

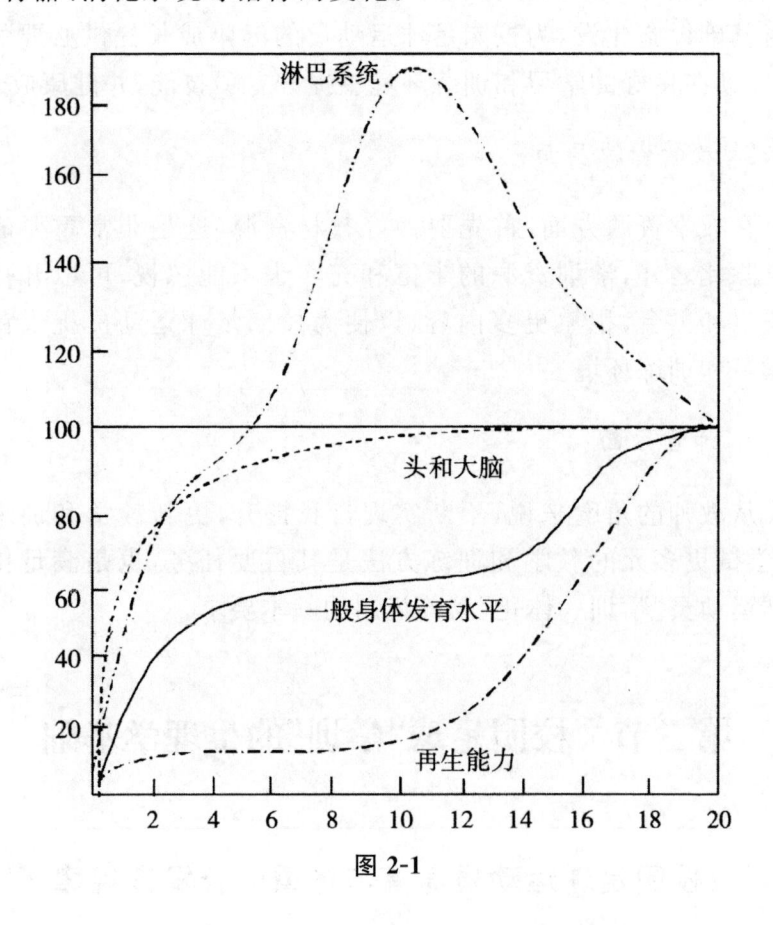

图 2-1

男子和女子身高、体重的增长特点分别如图 2-2、图 2-3 所示。

图 2-2

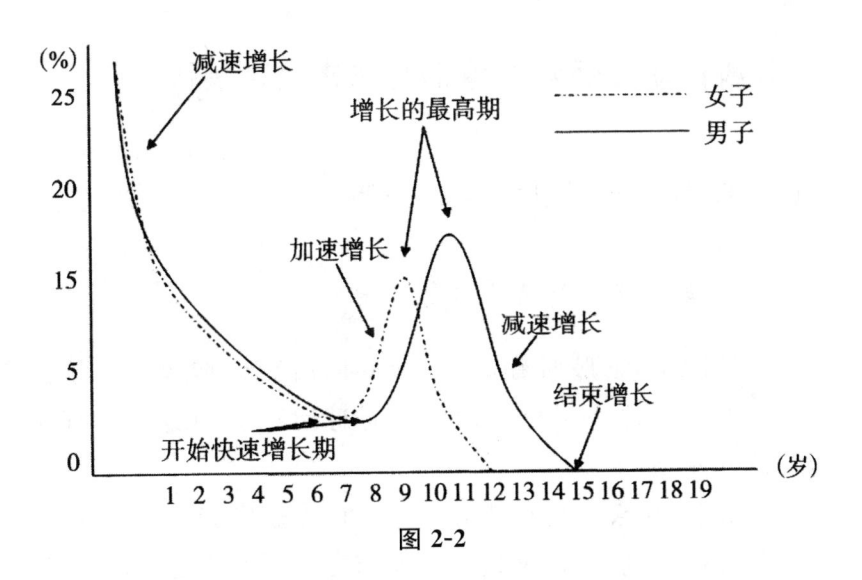

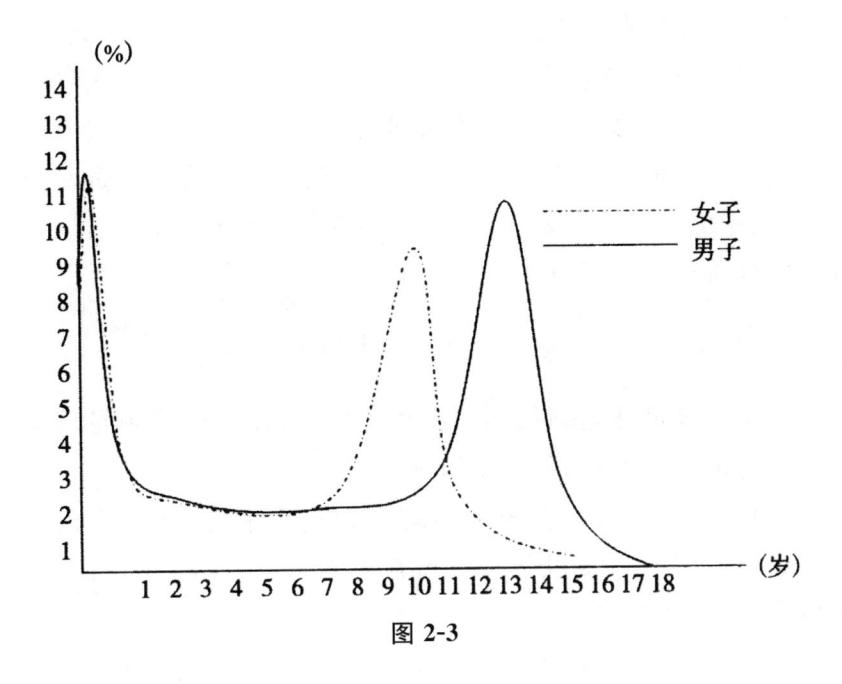

图 2-3

校园足球运动员的生长曲线为足球教练员合理安排训练提供了重要的信息,其中,身高和体重两者的关系是最为直接的参考指标。

二、校园足球运动员骨骼与肌肉发育规律

(一)校园足球运动员的骨骼发育

1. 校园足球运动员的骨骼发育特点

一般情况下,下肢骨在 16~17 岁以后钙化加快。通常会通过下肢骨的生长这一指标来对校园足球运动员的身高发育状况进行预测和判断。

对于校园足球运动员来说,他们的骨骼发育特点主要表现为:骨骼硬度小,韧性大,易发生弯曲与变形。除此之外,他们的骨骼生长还受性激素影响。性成熟较晚的人,身高生长较迟;性早熟的人,身高生长停滞较早。这也是选材时要考虑的重要指标之一。

随着校园足球运动员年龄的不断增长,长管状骨二次骨化中心开始发育,随着骨骼发育成熟,乃至愈合,由骺软骨演变为骨干,骨骼中的组织成分发生变化,骨内细微结构产生改变,这就将其年龄性阶段特点充分体现了出来。

2. 校园足球运动员学训的注意事项

基于校园足球运动员的骨骼发育特点,在开展校园足球运动的教学与训练过程中,要注意以下几个方面。

(1)姿势要正确。在校园足球学训过程中,注意要纠正不正确的姿势,比如,一侧肢体或局部用力过多,容易造成脊柱弯曲、肢体变形,要加以注意。

(2)学训的负荷量要适宜。适宜的运动负荷对于校园足球运动员的骨骼生长是有促进作用的,负荷强度和负荷量过大过小都不会产生理想的学训效果。过大会使骨化提前,影响身高;过小则无法达到训练目的和效果。

(3)要将校园足球运动员关节活动范围大的特点充分利用起

来,将柔韧素质作为发展的重点,同时重视发展关节的坚固性,使关节损伤的情况得到有效避免。

(二)校园足球运动员的肌肉发育

1. 校园足球运动员的肌肉发育特点

校园足球运动员身体各部分肌肉发育呈现出不平衡的特点,主要表现为躯干先于四肢肌,屈肌先于伸肌,上肢肌先于下肢肌,大块肌肉先于小块肌肉的发育特征。在不同的年龄段,肌肉的发展重点也不同,比如,8~9岁以后肌肉发育加速,力量逐渐增加,15岁以后,小肌肉群也迅速发育。15~18岁是躯干力量发育增长最快时期。

2. 校园足球运动员学训的注意事项

基于校园足球运动员的肌肉发育特点,他们在校园足球学训过程中,要对以下几个方面的事项加以注意。

(1)在进行力量训练时,要有计划性,将小肌群力量和伸肌力量作为发展的重点,促进校园足球运动员肌肉的平衡发展。同时重点提高协调性。此外,也要关注斜方肌的发展。

(2)在生长加速期肌肉的发展主要表现为长度的增加,宜采取伸长肢体练习、弹跳和支撑自身体重力量练习等。

(3)要让校园足球运动员掌握尽可能多的运动技术,其中,一般性训练所占比例要大,遵循全面发展的原则。

三、校园足球运动员循环、呼吸及神经系统发育规律

(一)校园足球运动员的循环系统发育规律

1. 校园足球运动员的循环系统发育特点

校园足球运动员的血量占体重的百分比相较于成人要略高

一些。校园足球运动员正处在长身体时期,生长发育需要的营养物质更多一些,因此处于生长加速期的校园足球运动员对营养物质的需求更大,尤其是蛋白质、维生素、铁和其他矿物质盐类,一定要保证充足补充。在校园足球的学训过程中,要将糖类、铁质和蛋白质作为补充的主要物质,尤其是在训练的前两周更为重要。

2. 校园足球运动员学训的注意事项

基于校园足球运动员心血管的机能特点,在足球学训过程中,需要对以下几个方面的事项加以注意。

(1)尽管校园足球运动员能承担一定量的运动,但是,负荷量不宜过大,只有适宜合理的运动量才会有益于心脏,还要注意尽量减少憋气、紧张性和静力性练习,避免心肌过劳的情况。

(2)要遵循个体差异性原则来对待校园足球运动员的学训,做到因材施教。对于个别生长快、身材高,心脏发育落后于身体发育的校园足球运动员,一定要遵循循序渐进的原则。

(二)校园足球运动员的呼吸系统的发育规律

1. 校园足球运动员的呼吸系统发育特点

校园足球运动员呼吸频率快,随着年龄的增长呼吸深度逐步增大、肺活量也随之增大。在10~11岁和13~14岁时摄氧量增长最明显,16~17岁时较缓慢。[1] 相较于成人来说,校园足球运动员的最大摄氧量与负氧债能力要低一些。校园足球运动员肺通气量小,而按每公斤体重的相对值计算则较大,他们在运动时主要依靠加快呼吸频率来增加通气量。

2. 校园足球运动员学训的注意事项

基于校园足球运动员的呼吸系统特征,在足球学训过程中,要注意多采用发展有氧代谢为主的练习,长时间、大强度的练习

---

[1] 刘丹,赵刚. 青少年足球训练纲要与教法指导[M]. 北京:人民体育出版社,2011.

要尽量少安排。随着年龄的增长和呼吸肌的发展,可适当安排无氧代谢的练习内容。

(三)校园足球运动员的神经系统的发育规律

1. 神经系统发育最早、最快

校园足球运动员的神经系统是发育最早,也是发育最快的器官。其中,8岁以后皮质细胞的分化能力与成人无显著区别;13~14岁时皮质抑制调节机制达到一定程度,综合分析能力明显提高,但在掌握复杂精细动作方面有一定困难;14~16岁时,分化能力逐步提高。

2. 大脑皮质神经细胞工作能力低,易疲劳,但神经过程的灵活性高

神经组胞的物质代谢旺盛,有着非常强且快的合成作用,所以疲劳消除的速度也比较快。校园足球运动员在足球的学训过程中,往往能够较易动员各种中枢和各器官的机能。

3. 校园足球运动员学训的注意事项

基于校园足球运动员神经系统的发育特点,在足球学训过程中应对以下几个方面的事项加以注意。

(1)在校园足球的教学方面,采用的教学方法都具有直观形象的特点;讲解方式则以简单易懂和形象生动为主要特点。

(2)在校园足球的训练方面,要保证训练课内容的生动、多样,可充分利用游戏,提高趣味性,避免单调。

第三节 校园足球"学训"的心理学基础

心理素质是在生理条件的基础上发展的,将外在获得的刺激内化为稳定的、内隐的,具有基础、衍生和发展功能的,同时认为

心理素质是与人的适应行为和创造行为密切联系的心理品质,包括认知、个性、适应性三个维度共22个因素。

校园足球"学训"会有效促进校园足球运动员的心理素质的发展和优化。

一、校园足球运动员"学训"的心理过程

人的心理活动从产生、发展、变化到完善的过程,就是所谓的心理过程,它是极其复杂而又时刻变化不定的。具体来说,可以将其分为三个部分,即认识过程、情感过程和意志过程。

(一)校园足球运动员"学训"的认知过程

所谓的认知过程,就是指人在认识客观事物的活动中表现出来的各种心理现象。感知觉、表象、想象、思维和记忆等过程都属于认知过程的范畴。

1. 感知觉

在事物的直接影响下,脑对于事物个别属性的反映,就是所谓的感知觉。知觉是在事物直接影响下,脑对事物整体的反映。感觉和知觉是两种不同的认识过程,但它们有共同的特点,是人脑对于直接作用于感觉器官的客观事物的个别属性和整体的反映,是认识的开端和起点。

2. 思维

事物的本质属性和内部规律性在人脑中的反映,就是所谓的思维。这种对事物本质及规律性的认识活动,是一种很复杂的头脑加工过程。一个人通过练习可以学会某一运动技能,但要提高这种运动技能的成绩,却必须通过思维掌握这种运动技能的本质和规律。

第二章 校园足球"学训一体化"培养机制与相关学科理论基础

3. 校园足球"学训"对校园足球运动员认知发展的影响

关于认知能力,有的人将其定义为:人脑加工、储存与提取信息的能力,也可以将其理解为:人们对事物的构成、性能,与他物的关系、发展的动力、发方向以及基本规律的把握能力。

对于校园足球运动员所处的发展阶段来说,这是认知能力发展的关键时期,如果不能及时发展,其学习能力就会出现下降。有研究表明,包括校园足球在内的所有体育运动,都能提高校园学生的认知能力。

从具身理论的角度来说,所谓的认知是通过身体的体验而形成的。某种程度上,认知过程进行的方式和步骤取决于身体的物理属性。认知的内容也是身体提供的。由此可见,包括足球运动在内的体育运动对校园足球运动员认知发展的促进是有理论和实践基础的,在运动中不同身体部位的协调会更有利于认知能力的发展。

已有研究表明,足球作为现代第一大运动项目,其对战术、战略思维的要求非常高,因为只有这样才能有效掌控整场比赛的节奏,同时由于足球项目本身的高对抗、高协作要求,校园足球运动员更需要在比赛过程中主动尝试进行自我调节、控制节奏、积极适应比赛氛围。

(二)校园足球运动员"学训"的情感过程

1. 校园足球"学训"过程中的情感过程

情感,就是人对客观事物是否符合自己的需要而产生的体验。情感有肯定性质和否定性质之分,这主要取决于客观事物能否满足自己的需要。其中,肯定性质的情感对于校园足球运动员"学训"会产生积极的影响,而否定性质的情感则通常会使其消极乏力。所以,这就要求校园足球运动员要对运动竞赛中情感的特点有一定的了解,学会控制调节自己的情感,胜不骄、败不馁,不因初战获胜而沾沾自喜,也不因暂时的失败而灰心丧气,始终保持愉快乐观的情绪,把情感作为推动比赛和提高运动能力的动力。

2. 校园足球"学训"对校园足球运动员情感发展的影响

从某种意义上来说,所谓的情感是人对客观事物的态度体验及相应的行为反应,是以个体的愿望和需要为中介的一种心理活动。

一般来说,参加校园足球"学训"的校园足球运动员的情感适应状态都会相对比较好。从现有的研究发现,足球运动对于校园足球运动员宣泄不良情绪是非常有帮助的。在足球运动过程中,校园足球运动员的注意力被足球运动吸引,与此同时大脑运动中枢的快乐、兴奋等积极情绪会超反常抑制住往常的负性情绪如焦虑、逃避、抑郁等。

(三)校园足球运动员"学训"的意志过程

1. 校园足球"学训"中的意志过程

意志是在认识的基础上,在情感的激励下产生的心理活动,是提高运动成绩的巨大精神力量。从运动过程来看,长时间的足球运动对生理能量的消耗是比较大的,而且还要求校园足球运动员具有高度集中的注意力、紧张而迅速的思维、不断变化的强烈的情感体验等,对心理能量的消耗也非常大。在校园足球"学训"过程中所产生的上述困难,对意志坚强的校园足球运动员来说,都不难克服。由此可见,在校园足球"学训"过程中,校园足球运动员一定要将自己的主观能动作用充分发挥出来,具有坚强的意志品质,也就是要有明确的目的性和行为的自觉性,能勇敢坚定去克服困难,才能很好地学习掌握校园足球的运动技能、强身健体,进而使校园足球"学训"效果得到有效提高。

2. 校园足球"学训"对校园足球运动员意志发展的影响

要了解校园足球"学训"对校园足球运动员意志发展的影响，要对意志的独立性加以了解，具体来说，就是指人的意志不易受他人的影响，有较强的独立提出和实施行为目的的能力，其能够将意志的行为价值的内在稳定性充分反映出来。

对于校园足球运动员来说，他们身体成长迅速，力量不断增强，独立性发展已经到了最初期，这就使得他们自发或不自发地感觉自己已经不是"孩子"了。他们在生活中抒发自己的感受，在活动中会为了引起关注而将自己独特的才能与本领展示出来。这就反映出了校园足球运动员的独立性正在迅速形成。遇事有主见，有成就动机，不依赖他人就能独立处理事情，积极主动地完成各项实际工作的心理品质，伴随着勇敢、自信、认真、专注、责任感和不怕困难的精神的形成。

二、校园足球运动员"学训"的个性心理

个性品质是指人对客观事物的对待活动中的个性心理表现，虽不直接参与对客观事物认知的具体操作，但具有动力和调节机能，是心理素质结构的动力成分。这些特点对个人的全部行为都有着一定的影响。同样的，校园足球运动也会对校园足球运动员的个性品质发展有着积极的作用。还有研究发现，校园足球运动员有着明确的成就动机，并趋于外向、支配性、自信、竞争性和坚韧性等个性品质。

（一）校园足球运动员"学训"的能力

能力是掌握运动技能，提高运动成绩的基础。不同的校园足球运动员之间的能力差异是存在的，比如，能力类型上的差异、能力表现早晚的差异、能力发展水平的差异等，因此，在校园足球运动员的"学训"过程中，要求教师和教练员要遵循因材施教的原

则,根据每个校园足球运动员的能力特点,采用不同的"学训"方法,这样才能使每一个校园足球运动员都能很好地掌握教师和教练员所教授的足球运动技能,反之,欲速则不达。

(二)校园足球运动员"学训"的抱负

抱负,是一种强大的心理愿望和精神力量,能够将一个人的远大理想和志向体现出来。挫折在体育运动锻炼中是经常遇见的,但这并不是坏事,通过挫折,能够将人们的奋发图强精神激发出来,通过总结经验教训让参与者变得更坚强。

校园足球运动员本身就具有显著的特点,如竞技性强;行为独立、果断;坚定的意志品质和责任感;远大的理想;强烈的集体荣誉和个人荣誉感;抗压能力强;等等。

(三)校园足球运动员"学训"的自信心

自信心的个体差异,对校园足球运动员的学习、竞赛、就业、成就等多方面的个体心理和行为都会产生不同的影响。可以说,自信心是对过去获得很多成功经验的结晶;自信心是一个人顺利成长和能够有所作为不可缺少的一种心理品质,是一个人的潜能源源不断地得以释放的精神源泉,也是一个人克服困难、坚持到底取得成功的重要保证。

参加校园足球"学训"的校园足球运动员,在教师和教练员以及家长的关心指导下,参加比赛的机会多,各项运动活动经验更丰富,通过在校园足球的"学训"过程中体验到校园足球的乐趣和成功的喜悦。这些积极的收获和他人评价和自我反馈,使成就感得以强化,逐渐使自信心得到强化。

(四)校园足球运动员"学训"的自制力

自制力,是指一个人控制自己思想感情和举止行为的能力。

人与动物之间的根本差异就是,人是有思想的,可以按照一定的目的,理智地控制自己的感情和行动。自制力主要是指在面对较多诱惑及动机时,能克服内外部困难,认识到行动的目的与意义,有目的地支配自己的行动。

足球运动本身就是一个枯燥乏味的运动,要一直不断地重复各种技术动作,在教师和教练员的指导下,校园足球运动员能坚持面对枯燥的训练。校园足球运动员更能够承受极端的困难、忍受单调乏味的枯燥倦怠感,越能抵制内外部的各种诱惑,就越能坚定地向预期目标前进。

(五)校园足球运动员"学训"的乐观性

乐观性,就是指对结果的积极预期倾向。

研究发现,通过校园足球运动,能够对大脑中杏仁核的活动进行有效控制,避免负面情绪的出现。在校园足球"学训"过程中,校园足球运动员会产生多巴胺、血清素,多巴胺是一种正向的情绪物质,人要快乐,大脑中一定要有多巴胺,我们的快乐中心伏隔核里面都是多巴胺的导体。校园足球运动结束后,运动员的心情会变得愉悦,脾气都会变好。由此可见,校园足球对于减少消极情感和增强积极情感,提高认知功能和学业成绩是非常有益的。

三、校园足球运动员"学训"的适应性

(一)人际适应

所谓的人际适应,就是指个体具有和谐、协调人际关系的能力。

足球运动的参与人数比较多,属于典型的群体性运动项目,因此,对于校园足球运动员来说,他们和同伴接触、交流的时间相较于其他运动项目来说要多得多。

在校园足球"学训"过程中,集体配合是强调的重点之一,每一位校园足球运动员都要迅速融入到队伍当中,并做出积极反应

与反馈,在这一过程中,要将自身的优势充分展现出来,并努力得到队友的认可,从而形成融洽的人际关系。

(二)社会适应

社会适应,指的是个体对学校和班级环境的适应能力。具体来说,可以进一步理解为:个体的观念、行为方式随社会环境变化而发生改变,以适应所处社会环境的过程。由此,可以进一步引申出社会适应能力,即为了在社会更好地生存而进行心理上、生理上以及行为上的各种适应性的改变,与社会达到和谐状态的一种执行适应能力。

足球运动本身就是一项集体运动项目,在校园足球"学训"过程中,要求校园足球运动员一定要学会如何与队友相处交流及配合。通过校园足球"学训",能够使校园足球运动员对社会适应的价值和作用有更加深刻的了解和认识。

第四节 校园足球"学训"的教育学基础

一、教育哲学基础

(一)教育哲学的相关理论

教育哲学,就是以一定的哲学观念和方法研究教育基本问题的学科。由于思考的起点和角度的差别,其各自的理论观点也会有所差别。目前,永恒主义、本质主义、进步论和重构论是四种公认的教育哲学理论。

表2-1中的这四种教学哲学观念或理论在很多方面都是有各自的特点的。

第二章　校园足球"学训一体化"培养机制与相关学科理论基础

表 2-1　教育哲学理论表

教育哲学	哲学基础	教育的目标	知识	教育的角色
永恒主义	实在论	教育有理性的人;培育知识分子	关注过去的和永恒的学问;掌握事实和永不过时的知识	教师帮助学生理性地思考;基于苏格拉底式的方法;口授明确传统价值观
本质主义	唯心论、实在论	促进个人的智力发展;教育才能的人	基本技能和学业课程;掌握课程内容的概念和原理	教师在特殊课程领域是权威;明确传授传统价值观
进步论	实用主义	促进民主的、社会的生活	导致成长和发展的知识;边生活边学习的过程;关注主动的、恰当的学习	教师是解决问题和科学探索的向导
重构论	实用主义	改良和重构社会;教育为变化和社会改革服务	辨认和改善社会问题所需要的技能和课程;和当代、未来社会相关的主动学习	教师充当变革和改革的代理人;扮演规划指导者和研究带头人;帮助学生意识到人类面临的问题

对教育哲学的相关理论进行阐述的根本目的,就是希望教师能够从这些理论中得到一些思考,从而有自己的教育思想与观念。教育本身就是创造性的工作,教育允许有不同的观点,这才是教育朝着更好方向发展的基础。

(二)教育哲学与校园足球"学训"

(1)教师和教练员通过对教育哲学相关理论的了解,能够对校园足球"学训"有更深层次的认识。对于不同的足球教师和教练员来说,他们的经验与视角都是有所差别的,对校园足球"学训"的认识也各不相同。通过对教育哲学的了解与认识,校园足球教师和教练员的思考维度就会更加多元化,自身所持的教育哲学观也会更加明确,在校园足球"学训"的实施过程中,能够促使校园足球"学训"的定位和开展更加明确。

(2)教育哲学也为校园足球"学训"的设计与实施提供了方法理论,具有鲜明的指导意义。

二、教育心理学基础

(一)教育心理学的相关理论

1. 行为主义学习理论

行为主义心理学主要对人外显行为或反应的形成机制进行研究。行为主义心理学对客观性的重视程度非常高。行为主义心理学理论主要有:联结主义、经典性条件反射、操作性条件反射、观察学习等(表2-2)。

表2-2 行为主义心理学相关理论[①]

相关理论	主要内容或观点	代表人物
联结主义	认为这种联结是通过盲目尝试—逐步减少错误—再尝试这样一个反复作用的过程而形成的。同时,这一试误的过程主要是受练习律、效果律和准备率支配的	桑代克
经典性条件反射	学习是通过以前的中性或不充分的刺激方式所诱发的反应构成的。在反应之时,一些中性刺激与一种条件刺激结合起来,逐渐就获得了诱发反应的能力。其来源就是著名的经典条件反射实验	巴甫洛夫

---

① 周毅. 校园足球课程构建导论[M]. 广州:广东高等教育出版社,2019.

第二章 校园足球"学训一体化"培养机制与相关学科理论基础

续表

相关理论	主要内容或观点	代表人物
操作性条件反射	诱导的反应,即和特定的刺激对应的反应;自发的反应,即显而易见与可确认的刺激无关的反应。当反应是诱发性时,其行为是反应性的。当反应是自发时,其行为是操作性的——没有任何可观察或可测量的刺激可以解释反应的出现	斯金纳
观察学习	观察学习,是指通过观察和模仿其他人的行为来形成某种反应。观察与学习特定行为的过程常被称为模仿	班杜拉

2. 认知主义学习理论

认知主义学习理论强调的重点在于学习是人主动理解与学习的过程,人内在心理认知的变化也是关注的重点。认知主义学习理论主要有认知发展阶段理论、发现学习理论、最近发展区理论等观点(表 2-3)。

表 2-3 认知主义心理学相关理论[①]

相关理论	主要内容或观点	代表人物
认知发展阶段理论	认知的本质就是适应,即儿童的认知是在已有图式的基础上,通过同化、顺应和平衡等机制,不断从低级向高级发展。其发展一般要经历四个阶段:感觉运动阶段、前运算阶段、具体运算阶段、形式运算阶段	皮亚杰
发现学习理论	学习的本质不是被动地形成刺激—反应的联结,而是主动地形成认知结构。即学习者不是被动地接受知识,而是主动地获取知识,并通过把新获取的知识和已有的认知结构联系起来,积极地构建其知识体系。其中包括获得、转化和评价三个过程	布鲁纳

---

① 周毅. 校园足球课程构建导论[M]. 广州:广东高等教育出版社,2019.

续表

相关理论	主要内容或观点	代表人物
最近发展区理论	教学必须走在学生心理发展的前面,才能促进学生的发展。即学生独立解决问题的真实发展水平和成人指导下或与他人合作的情况下解决问题的潜在发展水平之间的差距	维果茨基

3. 人本主义学习观

人本主义学习观将个体的内在主观能动性作为关注的重点。强调人的价值、创造性和自我实现。其主要包括全人教育思想、自由学习观等(表2-4)。

表2-4 人本主义学习观的相关理论[①]

相关理论	主要内容或观点	代表人物
全人教育思想	教育的目的绝不只限于教学生知识或谋生技能,更重要的是针对学生的情意需求,使他们能在知识、情感、意志或动机等方面均衡发展,从而培养其健全的人格	库姆斯
自由学习观	教育目标应是促进变化和学习,培养能够适应变化和知道如何学习的人,而不是再像过去一样只注重学生知识内容的学习及知识结果的评判	罗杰斯

4. 建构主义学习观

建构主义学习观将学习作为个体原有经验与社会环境互动的加工过程。建构主义者将学生如何以原有的经验、心理结构和信念为基础来构建知识作为关注的重点,强调学习的主动性、社会性和情境性,对学习和教学提出了许多新的见解,主要有新知

---

① 周毅. 校园足球课程构建导论[M]. 广州:广东高等教育出版社,2019.

第二章 校园足球"学训一体化"培养机制与相关学科理论基础

识观、新学生观、新学习观、新教学观等(表2-5)。

表2-5 建构主义学习观的相关理论

相关理论	主要内容或观点	借鉴重点
新知识观	强调知识是在不断更新的,并不是绝对的正确,随着社会的不断发展,有些新的知识会出现,一些陈旧、落后的知识则会被抛弃	教师则要树立这种观念,在综合知识、素养等方面不断地学习和提升,这样才能保证教学的质量和效果
新学生观	强调学生的能动性,学生是具有思考能力的,会依据现有的知识结构和经验基础进行思考,并解决问题	教师要重视学生的经验基础,对于新知识和技能的教授要建立在原有基础之上,这样才能促进学生更好地提升
新学习观	强调学习的主动构建性、社会互动性和情境性	教师应该给予学生足够的空间引导学生主动地进行学习,并且能够充分地调动各种资源,把握好教学知识和技能的真实价值和特性
新教学观	强调的是让学生通过问题来解决学习,学生能够根据问题不断地去探索	教师应该在教学中通过设置适宜的问题或目标,来引导学生主动去学习或练习,创设有利于学生不断探索、不断学习的环境

(二)教育心理学与校园足球"学训"

教育心理学也是校园足球"学训"的重要理论基础。这一理论为教师和教练员研究校园足球运动员的心理提供了基础,能够让教师和教练员对校园足球运动员有更加全面、深入的了解,从而使校园足球"学训"的开展与校园足球运动员的需求更加相适应。除此之外,在校园足球"学训"的过程中,能够提供一些组织的方法技巧,能够更加贴近或适宜校园足球运动员学习和训练,创设更加有利的学习和训练情境。

第三章 校园足球"学训一体化"之"学习"体系的构建

学生在校园足球活动中的学习能力和学习方法决定了其学习的效果,与此同时,对校园足球中包含的各项教学工作的研究也更加能提升教学质量。为此,本章就对校园足球"学训一体化"学习体系环节的构建进行研究。

第一节 校园足球教学的基本原理

一、校园足球教学的任务

(一)全面提高学生的身体素质

学生良好的身体素质是支持他们参加足球运动的基础,反过来,更多地参加足球运动也会促进他们身体素质的提升。足球运动本身的开展方式就决定了这是一项对运动者体能考验较大的项目,为此,在校园足球教学活动中,就需要把提升学生的身体素质作为一项必要的教学任务。

(二)培养学生欣赏和参与足球运动的能力

校园足球运动所面对的对象是生活和学习在校园中的学

生。许多学生在刚开始接触足球运动时更多是在"看热闹",慢慢的,当有了一定的欣赏经验和参与经验后,就越发能看出足球的门道。校园足球活动的开展就是给学生由表及里地认识足球的机会,通过丰富多彩的活动不断激发学生对足球运动的兴趣,促使他们来到球场参与活动,学生的足球运动基础知识和技战术能力也就慢慢积累了起来,而这对他们看懂足球、欣赏足球、参与足球运动等大有裨益。

(三)促进学生德、智、美素质的全面发展

1. 校园足球教学的德育任务

校园足球活动具有一定的德育价值。作为足球运动教育价值中的一个分支,通过足球运动的开展可以提升学生的道德品质水平,这得益于足球这项运动本身拥有团队合作、互帮互助、公平竞争等内涵。这种富含教育属性的运动对学生道德品质方面的教育可谓表现得淋漓尽致。

2. 校园足球教学的智育任务

校园足球活动具有一定的智育价值。足球运动对于学生智力方面的培养有着特殊的功效,通过参加足球运动,可提升学生的注意力、观察力、记忆力、思维力以及判断力等。学生学习足球运动理论知识时是对其记忆方面的发展,学习技战术等实践内容时又是对观察力、注意力、判断力等的锻炼。由此可见,全面促进学生智力水平的提升是完全可以借助足球这项运动来实现的。

3. 校园足球教学的美育任务

校园足球活动具有一定的美育价值。对美的事物的追求是每个人都期待的,这是植入在人的意识之中的。体育运动中蕴含着大量的美,足球运动也是如此,所以这项运动才俘获了众多球迷的心。足球运动中所蕴含的美可以体现在很多方面,如运动的身体美、服饰美、技术美、战术美等。其中,人们对于健康美是最直观和最基础的追求,而技术美则是人体美与动作美有机融合的产物,显示了人的本质力量及体育美丰富多彩的内容。这些美都赋予了足球运动美的内涵,使这项运动教学承担起了美育的任务,为此,在教学中教师应充分引导学生发现足球运动中的美,并就此培养他们对美的感受、欣赏、评判等能力。

二、校园足球教学的要求

(一)注重增强身体素质与促进全面发展相结合

首先要确定的是校园足球教学的基本任务是增强学生体质,同时发展他们的心理素质、智力水平等多方面能力。为此,校园足球教学应注重增强身体素质与促进全面发展相结合,具体要做到如下几点。

(1)确立与时俱进的校园足球教学价值观。足球运动在新时代的发展也对相关教学观念提出了新要求。对于校园足球的教学来说,其不光要注重提升学生的生物学特征,还要注重提升他们的心理学、美学、社会学等能力和水平。

(2)作好校园足球教学工作计划。在制定校园足球教学计划以及编写教案的过程中,要注意突出足球运动的专项特点,同时还要确保教学内容和相关训练能切实对学生身体的全面性给予足够的训练。

(3)教学内容和方法要多样化。在校园足球教学的各个阶段中,都要注意根据学生的特点与成长规律选择恰当的教学内容、教学方法和教学模式。

(二)注重教师的主导性与学生的能动性相结合

包括校园足球在内的现代学校体育教学应该秉承更新的理念,更倾向于师生的双边互动式的教学模式。校园足球中,教师所面对的学生的年龄跨度不算小,每个年龄阶段的学生的身心发育都有其特点,只有正确处理好教师和学生之间的关系,将两个教学主体的能动性都发挥出来,教学活动的质量才会得到提高。在新教育理念的指导下,包括校园足球活动在内的教学无疑仍以体育教师为主导,学生积极参与,且拥有更多的表达自己意见的权力,学生也是教学活动的主体之一。要想实现这点,需做到以下几点。

(1)树立正确的教学观。要在校园足球教学中树立正确的教学观,特别是要维护和谐的师生关系,以此调动教师和学生两方参与教学活动的主动性。为此,要特别避免"教师中心论"或"学生中心论"的观念,而是要打造出一个师生共建、教学联动的校园足球教学活动。

(2)以教师为主导。教师应始终在校园足球教学活动中发挥主导作用,为此,他们就需要不断提升自身的业务能力,此外还要尽力做到为人师表、以身作则、关爱每一位学生。

(3)充分调动学生的能动作用。对足球运动的兴趣和执着是学生学好足球的前提。为此,教师就应注重在教学过程中对学生的能动作用予以激发,进而给他们树立好明确的学习目标。

(三)注重循序渐进与系统性相结合

学习任何新事物都应本着循序渐进的原则进行,这是非常合理和正常的,对于校园足球教学来说也是如此。足球运动中需要传授的技能众多,这些技术也有基础和进阶、简单和复杂的区分。而教师就应深入发掘足球技能教学中的循序渐进规律,并在教学计划中予以体现,之后在教学实践中践行。不仅如此,足球技能中的许多技战术内容彼此之间有着紧密的联系,它们环环相扣、相互承接。足球训练也是由不同周期组成,每个周期中还包含有不同阶段,不同阶段中有具体任务,这些都是教师在教学和训练中需要注意的,从而力争在教学中将循序渐进与系统性相结合。

(1)教学与训练要有系统性。就校园足球来说,其教学与训练总是由众多任务、阶段和周期组成的,只有系统地安排教学与训练活动,才能有效提高学生的运动技能水平。

(2)教学内容由易到难。任何足球教学内容都要本着由易到难的规律传授。以射门技术为例进行说明,最初应安排的内容为踢定位球射门,待学生的技术娴熟后,再行安排踢滚动中的球的射门。

(3)运动负荷由小到大。在校园足球运动中安排给学生的运动负荷应呈波浪式地增加。之所以这样安排,原因在于运动负荷的增加要伴随着学生体能的恢复,而不能一味地线性增加负荷。

(4)练习手段和组织方式由简到繁。以足球技战术能力的教学为例,起初可让学生进行动作模仿,待学生对动作或战术等建立起了一定的感觉后,就可以让他们独立实践,然后再进行局部对抗,直至最终的整体训练。

(5)对抗程度由弱到强。足球本就是一项对抗性较强的运动项目,而在教学中,应先从无对抗的技术学习开始,待学生的技术动作掌握熟练后再加入消极对抗的干扰元素练习,直至最终进行完全的对抗练习。

(四)注重综合性与实战性相结合

所谓足球教学的综合性,就是要在教学中将各种内容和元素结合起来进行,以使学生的综合足球运动能力获得提升。实战性则是要求在教学中尽可能地以实战情境的形式传授各种教学内容,如此使学生在实战中能更加顺畅和合理地运用所学技能。要想实现在教学中将综合性和实战性相结合,就要根据足球运动的培养规律制定教学内容,选择恰当的教学方法。例如,作为一项有着极强对抗元素的运动，就要求学生在日常就要对各种形式的对抗有着更多的适应，教学和训练就应在有一定对抗强度的基础上进行，从而提高教学的实战性。具体来说，其应包含如下几个方面。

（1）技术与技术合理搭配。足球运动中诸多技战术元素大多数都有着一些基础的固定套路，为此，在教学中教师就应有意将这些技术进行串联，让学生练习。此后，再在学生对教学内容的接受程度和学校效果的基础上对不同技术之间的串联进行调整。

（2）技战术与身体素质结合。足球运动员运动技能的发挥都是建立在过硬的身体素质上的，因此，在教学中教师应有意识地将技战术教学与体能训练相结合，如规定某项技术练习的单组数量、组数、每组间隔时间、运动负荷等，如此使学生的足球运动技能和身体素质获得同步提升。

（3）技战术与意识的结合。意识在足球运动中好似"灵魂"，拥有出色足球意识的运动员无疑在实战中会占据更多个人优势。因此，在教学中教师要注重对学生良好足球意识的培养。意识确实是一种较为抽象的非客观实体，有时利用语言和示范是难以表述的，这就需要教师拥有丰富的教学经验，知道在哪个时刻对学生进行哪种点拨最有助于他们足球意识的增加，或是根据足球运动的客观规律来设计和组织练习，也可以对增强学生的足球意识带来帮助。

（4）技战术与对抗能力的结合。足球运动中的技战术几乎都是在对抗条件下完成的，因此，在教学过程中教师要注重在技战术教学之中加入对抗元素，以使学生更习惯于在有对抗的环境下顺利完成技战术动作。

（5）在模拟实战中练习技战术。因本着循序渐进的原则逐渐给教学加入越来越多的实战元素，这些实战元素可以是对抗强度，也可以是实战氛围，或是模仿对手的打法等。这样也能使教学变得更有针对性，学生的学习兴趣也能被大大激发。

第二节　校园足球教学的原则与方法

一、校园足球教学的原则

(一)主体性原则

校园足球教学的主体性原则,是指在相关活动中对于诸多教学元素的选择要与学生的需求和特点紧密结合。与此同时,学生也要对教师的教学予以配合,因为教师也是校园足球教学活动的主体之一。校园足球教学中秉承主体性原则,具体应做到如下几点。

(1)校园足球教学是教与学的双边活动。教学活动中包含"教"和"学"两个部分,"教"是教师实施的,而"学"则是由学生实施,两方的地位应该是平等的。这就要求教师在教学中要尊重学生,尽可能激发学生在教学中的主体感,鼓励他们思考和发问,自觉掌握足球理论和技战术方法,提高他们分析问题和解决问题的能力。

(2)突出教师的主导作用。教师始终是校园足球教学活动的主导者,要以提高学生的运动能力和思维能力为核心。这要求他们具备出色的动作操作思维、战术思维和快速反应能力,并且注重对学生足球思维和意识的启发,以期将学生的运动潜力挖掘出来。

(3)引导学生明确学习目的。学习效果与学习动机密切相关。如果学生的学习目的不明确,学习动机不正确,就不可能自觉、积极地学习,也不可能长期保持自觉、积极的学习状态。

(4)培养学生学习足球的兴趣。对于学生的学习来说,兴趣是最直接的动机。当产生兴趣后,学生学习的主动性就会大大提升,在教学中的专注度和投入度也就越高,如此教学效果自然最好。为此,教师就应在教学中从各个元素中挖掘能提升学生学习兴趣的点,如改变教学方法、教学手段或教学模式等。

(5)建立民主平等的师生关系。民主平等的教学氛围有利于教师和学生在教学活动中充分感受到自己的主体地位。为了做到这点,教师要尽量关注到每一个学生,并对他们的个性差异有所了解,以便使教学更有针对性,同时也有利于建立民主的师生关系。

(二)实效性原则

校园足球教学的实效性原则,是指一切足球教学活动要切实以学生的进步为目标,并为实现最终的教学效果而积极解决教学中所遇到的各种问题。校园足球教学中遵循实效性原则应注意以下几点。

(1)选择合理的教学方法。良好的校园足球教学活动离不开恰当的教学方法,因此,对教学方法的恰当选择也就是衡量一名教师教学水平的标准之一。一个好的教学方法能直接让教学产生实效,激发学生的兴趣,教学质量也就随之提升。为此,教师除了选择传统的教学方法,还要尝试创新教学方法,以进一步提升教学效果。

(2)经常性开展调查研究。负责组织校园足球教学活动的教师不应仅满足于当前的教学能力和理念,在业余时间中还要不断研究足球运动的最新变化和发展趋势。即便足球运动已经是一项较为成熟的运动,但其仍旧处于发展之中,这点可以从每届足球世界大赛中看到,每次都展现给人们足球运动更新的发展成果。教师要时刻关注足球运动的发展动向,这是保持其教学与时俱进的关键,只有如此才能满足学生不断增长的足球学习需求。这也是校园足球教学活动秉承实效性原则的表现。

(3)用唯物辩证法指导教学工作。在校园足球教学中遇到的问题需要教师以"一切从实际出发"的唯物辩证法观点来解决,注重剖析事物的本质,抓住教学难点和教学重点,以及注意解决教学过程中出现的主要矛盾。

(三)直观性原则

校园足球教学的直观性原则,是要求教师要更多利用学生的感官和已有经验以快速在学生脑中建立起足球技能表象和感觉,最终使学生扎实掌握足球技能。对于足球教学来说,运用最多的直观性教学的方法主要有动作示范、战术板讲解、视频播放等。具体在校园足球教学中秉承的直观性原则有以下几点。

(1)明确教学目的和要求。直观性的教学一定要建立在清晰的教学目标和要求之上的,为此,教师对这些教学元素就要有深入的研究,并在此基础上贯彻直观性教学的原则。举例来说,对于刚开始学习足球的学生,根据他们的现阶段水平,可更多选择动作示范、技术图片等直观方法教学。而对已经具备一定技能水平的学生的教学,则可以选择视频录像、战术演示软件等直观方法教学。

(2)应尽可能多地利用学生的多种感官,如视觉、听觉、触觉等使学生了解足球技战术表象,如此有利于培养学生的学习积极性。

(3)要善于启发学生思维。学生足球运动思维的启发非常依赖教师的提点,有时经验丰富的教师非常善于发现学生的问题,并能给予适时适度的提点,这会让学生有一种豁然开朗的感觉,这也是教学秉承直观性原则的一种表现。

(四)循序渐进原则

校园足球教学的循序渐进原则,要求的是教学依据足球运动技能的培养规律,按照从简到繁、从单一到组合的顺序组织教学。在开展校园足球教学过程中秉承循序渐进的原则,具体应做好如下几点。

(1)注意教学内容的系统性。校园足球的教学应按照基础大纲的要求进行,在经过逐级细化后,教师应根据教学进度和课时计划系统开展教学,这样教学就会符合足球技能培养规律。

(2)注意教学方法的系统性。学生的运动技能培养需要经过定向阶段(泛化阶段)、巩固提高阶段(分化阶段)到熟练阶段(自动化阶段)等几个阶段,在不同阶段中的学习效能有所不同。为此,教师就要将足球技能与学生技能培养阶段结合考虑,选择恰当的教学方法,如此才能使教学效果符合预期。

(3)注意安排适宜的运动负荷。运动负荷是校园足球教学活动中的重要元素,其是学生在经历教学后技能有所提升的基础,而正确的运动负荷安排就是考量一名足球教师水平的标准之一。参与校园足球教学活动的学生与足球专业运动员有着本质上的不同,主要表现在学生的基础身体素质方面。对于大多数没有运动训练经历的学生来说,教师在安排运动负荷时要遵循学生的身心发展规律,务必要对负荷有所掌控,太大或太小的负荷都不利于学生的技能提升。

(五)因材施教原则

教师在学校组织开展校园足球各项活动的对象是全体学生,因此就会对学生提出一致性要求。但与此同时,还需要在了解学生个体情况的基础上做出一些针对性教学指导,这是一种因材施教的理念,是对学生个体予以尊重的表现。在开展校园足球教学过程中秉承因材施教的原则,具体应做好如下几点。

(1)从整体上把握。在校园足球的教学活动中,教师所做出的教学行为的总目标是使全体学生都能学到技能。为此,在制定教学计划之际,就应对其中所有要素的制定从整体上予以把握,以使之适合全体学生的发展。在此基础上,再考虑以学生的不同运动能力为依据进行分组,对能力较强、基础较好的学生,要为他们创造更好的进阶途径,而对那些基础和能力相对较差的学生,也要报以同样的热情指导其学习和进步。

(2)坚持从客观实际出发。要想在教学中秉承因材施教的原则,教师就需要对学生的个体情况有所了解,其需要了解的重点内容为学生对足球的兴趣、初始运动技能、身体素质状况、学习能力等。这些内容就是因材施教所必须掌握的信息。除了学生的情况之外,为了做到从客观实际出发,还需要对学校的软硬件条件有所了解,其中与足球教学关联度较大的因素有地区特点、气候、场地、设施、学校体育文化等。这些条件也是秉承因材施教原则的关键。

二、校园足球教学的方法

(一)讲解法

讲解法是指在教学过程中教师为了使学生通过"听"来感知教学内容,采用简练准确的语言来对相关教学内容进行分析的方法。它主要包括技术动作的方法和要领、战术配合的方法和要求以及运用过程中的注意事项等。在校园足球教学实践中,教师运用讲解法应注意以下几点。

(1)讲解要明确。教师在讲解之前要有明确的目的。在足球教学过程中,教师的讲解必须根据教学目标、教学内容、学生特点等来具体地选择讲解内容、讲解方式、讲解速度以及讲解语气等,在讲解过程中要抓住重点与难点,做到有目的性、有针对性。

(2)讲解要正确。所谓的"正确"包括两方面含义,一是教师的讲解不能脱离学生的知识范围和结构,应在学生的接受能力范围之内,即教师讲解的广度和方式要符合学生的体育基础和已有的知识经验,利于学生接受;二是教师的讲解内容要符合科学技术原理,而不能是不规范的内容。

(3)讲解要生动。生动的讲解有助于帮助学生在头脑中建立正确的动作定型。试想一下,如果教学仅仅是通过语言讲解那么将显得多么单调。肢体语言的加入是对语言讲解的一个非常好的补充,简单的语言并不能让学生深刻地认识技术动作。因此,教师必须善于借助于学生已经接触过的事物或已经学过的运动技术与教学内容产生联系,以便于学生更好地理解动作。

(4)讲解要有启发性。运用对比、类比、提问等方式进行的启发性教学手段有利于学生积极思维,使学生举一反三,触类旁通,让学生将看、听、想、练各种感官动员起来。

(5)讲解注意时机与效果。在体育教学过程中具体表现为,在学生面对教师、注意教师时进行讲解;在学生练习过程中或背对教师时尽量少讲解或不讲解。

(二)示范法

示范法,是教师在教学中以自己做出的实际动作为教学范例,以对学生进行技能指导的方法。示范法有助于学生更清晰地了解要学习的动作,这种更加直观的方式无疑更容易使他们建立起正确的动作表象。另外,教师通过亲身示范的方式将需要传授的技术表达出来,无形之中也能让学生真切感受到足球技术的魅力,学生的兴趣也就这样被激发了出来。此外,将示范法与讲解法相结合,有助于学生更加深入了解技术的本质与用途,从而建立完整的动作概念,如此使教学效果更为理想。

教师在校园足球教学中使用示范法要注意如下几点。

(1)有明确的示范目的:技术动作的示范要能展现教学内容中的重点与难点,并且对一些基础技术掌握较差的学生还要有所关照,如反复做示范,或特意慢速做示范等,并且还应注意示范动作要简洁,减少不必要的其他动作,这对学生关注到技术关键点非常有益。

(2)示范要做到正确和熟练:学生的模仿能力是很强的,因此,教师在做示范动作时务必要保证动作的正确,并且确保动作的全过程顺畅。教师正确、顺畅地做出示范动作不仅可以激发学生的学习兴趣,还有助于激励他们学会动作的信心。

(3)要能让所有学生清晰地看到示范:恰当的示范面选择是教师清晰展示示范动作的基本条件之一。此外,为了让学生能清晰看到示范动作,还应对动作的速度、与学生之间的距离和角度等条件给予充分考量,如此才能使学生更容易看到完整的示范过程。这里主要对示范面的选择和示范速度进行说明。常用的示范面有正面、侧面、背面和镜面四种,通过这四个角度的示范,基本能全面展示一个技术动作。起初教师应先做一个正常速度的动作,以此先给学生留下一个动作的初始印象,然后再以慢速示范,以让学生看清动作的来龙去脉,另外,还可使用各种视频技术来展示慢速动作。

(三)指导发现教学法

指导发现教学法,是教师有针对性地设计一些教学环节,以让学生通过这些发现学习的规律和建立某种概念的一种教学方法。由此可见,指导发现法中包含有两个教学主体的"教"和"学"两个方面。实践证明,这种教学法与校园足球的战术内容教学非常匹配。

教师在校园足球教学中使用指导发现教学法要注意如下几点。

(1)教师应要求学生提前预习下节课所要学习的内容,以使学生带着问题来上课,并从教学中谋求对问题的解决。

(2)教师要对现有教材进行适当改造,以期适合学生的学习现状,而这对学生尝试自我发现问题和解决问题可以带来巨大帮助。

(3)学生在教师的教学讲解或示范中努力探寻课前发现的问题的解决方案,如遇到困难应及时向教师寻求解答或启发性的指点。

(四)游戏教学法

游戏教学法,是指将一些对运动技能提升有所帮助的游戏融入教学的方法。现代包括足球项目在内的许多体育教学中都已经在广泛使用这种教学方法了,其具有适应性广、开展效果好、有助于培养学生兴趣的特点。因此,不管是学校中的体育课程教学还是专业运动队的训练活动,都会看到有体育游戏的内容。在校园足球教学中采用游戏教学法要注意以下几点。

(1)教师对游戏的选择要紧密围绕校园足球项目进行,且对游戏的规则做出适应性修改,以使游戏更加符合校园足球教学开展的需求。

(2)教师应对学生强调对游戏规则的遵守,此外,应鼓励学生在规则允许的范围内尝试巧妙的玩法。

(3)在游戏中教师既可以当作参与者,也可以当作评判者。不论是以哪种角色参与,都要秉承公平、公正的原则裁定游戏结果,并在游戏后对学生的表现予以点评。

(4)将游戏安排到教学环节当中要注意控制游戏的运动负荷。一般来说,游戏教学法的使用普遍是在教学的准备部分或主体部分的前期,游戏内容的作用更多是为主体教学内容做准备的,因此,对负荷管控得当就显得相当重要。

第三节　校园足球课程教学的设计

一、校园足球课程设计的依据

(一)校园足球课程的目标

校园足球课程的目标是校园足球课程设计的根本依据,是校园足球课程最终所要达到的预期,是社会赋予校园足球课程的教育任务与诉求的具体化,在一定程度上也是以社会环境中的问题为导向提出的具体要求。第二章详细介绍了校园足球课程的目的与目标,其中包括运动参与、技能发展、身体健康、心理与品德四个方面,并且每个方面还有具体的内容要求。这是校园足球课程在宏观层面的总体目标。由于我们课程设计的方案的层级不同,各级目标也有所区别。但总体来说,无论哪个层级的设计都应该紧紧地围绕目标要求来进行。

校园足球课程目标是以多元化的视角对学生的发展提出的要求,它是学生对校园足球课程学习的指引。因此,在进行校园足球课程设计时,教师要始终围绕校园足球课程目标选择内容、组织与编排课程,这样才能确保校园足球课程最终能够达到所期望的要求。

(二)足球运动项目特点

足球运动是以脚支配球为主,两支球队在同一场地内相互攻守,激烈对抗,以射门进球的多少决定胜负的球类运动项目。它是世界上开展最广泛、影响最大的体育运动项目,被誉为"世界第一运动"。只有充分了解与分析足球运动项目本身的特点,教师才能够在课程设计时准确把握住足球运动项目学习的重要意义。

(三)学生的足球运动基础

学生的足球运动基础主要由身体动作模式和身体技能模式以及足球运动常识、足球运动技术技能、身体素质等几个方面的表现情况构成(图3-1)。

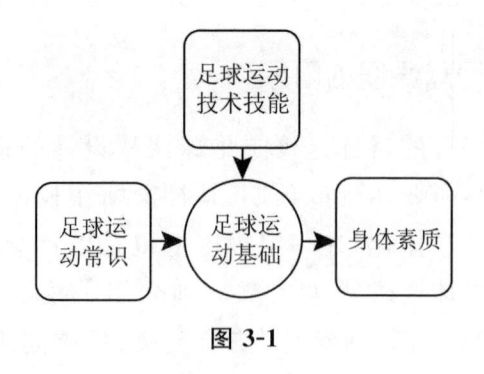

图 3-1

第三章　校园足球"学训一体化"之"学习"体系的构建

足球运动常识主要是指学生对足球规则、足球运动中所蕴含的精神与品质等方面的认识情况。足球运动技术技能主要是指学生对足球基本技术,以及对基本技术综合运用等方面的掌握情况。身体素质主要是了解学生力量、耐力、灵敏、协调等方面的表现情况。

校园足球课程服务的主体是学生。对学生学习前的实际情况进行诊断,充分了解学生的足球运动基础,是为了更好地掌握学生在足球运动常识、足球运动技术技能、身体素质等方面的真实表现,从而为校园足球课程的后续设计过程提供依据,使校园足球课程更加贴合学生的实际。

(四)学生的发展需求

学生的发展需求是所有教育教学活动的出发点。因此,抓住并利用好学生身心发育过程各阶段中的身体、心理、情感的发展的有利因素,显得至关重要。本书第三章对学生各年龄阶段的身体、心理、情感的发展特点与规律进行了介绍。学生在不同时期都有其适宜发展的内容。例如,身体素质中的柔韧素质,其适宜发展的时期是5~9岁;又如,基本动作技能发展的敏感期是在儿童早期。学生各敏感期中所需要发展的内容则是学生最根本的发展需求,是促进学生健康成长的关键因素。

因此,通过了解与分析学生在不同的年龄阶段身体、心理、情感的发展特点与规律,教师能更好地把握不同年龄阶段学生在生长发育过程中的发展需求。这是校园足球课程设计的根本与基础,更是校园足球课程设计具有科学性的保障。只有符合学生发展需求的课程,才能顺应并促进学生发展的课程。

(五)实际教学环境

实际教学环境是一个相对复杂的元素,其内部也存在众多要素。实际教学环境对包括校园足球在内的所有教学活动来说都是重要的保障条件。针对校园足球课程设计,与之相关的教学环境主要有课堂环境、学校环境、地区环境等。

  作为一类学校教学活动的基础环境,课堂环境所需要考量的内容还包括师生交流融洽度、互动便捷度、班级风气、学习氛围等。学校和所在地区的环境主要包括领导对校园足球的重视程度与支持程度、场地设施情况、校园足球文化等。为此,为了做好校园足球课程设计,教师应在此之前就对实际环境有详细研究,这是不可或缺的工作环节。只有这样才能将地域差异、文化差异等实际问题考虑周全,让最终构建的校园足球课程体系得到学生认可,使课程开展更加顺利。

二、足球教学目标的设计

  足球教学目标是开展足球教学活动想要实现的结果,也是学生通过学习行为获得的在足球技能方面的积累变化。对足球教学目标的设计主要体现在对学习成果的描述上。因此,一个正确的足球教学目标设计在教学设计中是非常重要的一环。

(一)足球教学目标的编写要求

1. 全面性

  《体育与健康课程标准》和《全国普通高等学校体育课程指导纲要》中都对体育运动类课程有着明确的全面性要求。全面性目标的实现依赖是扎扎实实的教学课程,如此也就要求对每堂课都要设计出一个目标,并且应尽量要求对目标的设定要"一视同仁",避免太过侧重某项目标而忽视其他目标。

2. 明确性

  教学目标本身就有着导向和标尺的功能,一个明确的教学目标无疑能够引导教师和学生在组织教学的时候始终以实现教学目标为核心,而这在日后对教学效果的评估方面也大有裨益。为了做到教学目标编写的明确性,应特别注意用词的规范,以及对不同词语程度进行认真考量。

3. 具体性

每堂足球课程的目标设计要做到详细具体,目标的设定要与课程内容紧密结合起来,并且要能反映学生的学习行为。为了确保这种具体性的获得,要格外避免对制定的目标的表述过于笼统和空泛,而是应细化到通过课程的教学能使学生了解哪些足球知识和技能,形成哪些态度与价值观,甚至对了解的程度也应有详细说明。

4. 准确性

所编制的足球教学目标要准确可靠,要想做到这点需要创编者对教学活动与学生有较为深入的了解,这是保证足球教学目标制定准确性较高的基础。在制定目标时要尽量将其安置在学生的最近发展区中,这是最有利于学生取得进步的区域。相反,过低或过高的目标都不利于学生的有效学习。

5. 灵活性

足球教学目标设计的灵活性可通过两方面来体现。一个是对不同学习能力的学生的制定灵活的教学目标,二是当在教学中出现预期之外的情况时教学目标的制定有灵活的调整空间。

(二)足球教学目标的陈述方法

对于足球教学目标的陈述通常必须包括几个要素,即"对象""条件""行为"和"标准"。为了能做到对足球教学目标陈述的准确到位,应更多使用能体现不同层次程度的行为动词(表3-1)。

表 3-1　体育与健康课程学习目标的行为动词概览示例

行为动词的层次及意义		行为动词	举例
认知性目标行为动词	了解层次:再认与回忆;识别、辨认事实或证据;举出例子	观看;知道、了解、认识	知道所学运动或游戏的名称或术语
	理解层次:把握内在联系;与已有知识建立联系;进行解释、推断、区分、扩展;提供证据;收集、整理信息等	学习、体验、进行;理解、获得、掌握;培养、丰富、增加、增强、提高分析;表现出、改善、形成;塑造、保持、迁移	理解良好的生活方式对身体健康的意义 简要分析现代体育与奥运会发展过程中所经历的一些重要事件和问题
	应用层次:在新的情景中使用概念、原则;进行总结、推广;建立不同情景下的合理联系等		
技能性目标行为动词	练习层次:独立或集体体验、学习动作	学习、做出	做出正确的身体基本活动动作
	掌握层次:独立完成动作;进行调整与改进	完成、掌握;发展、增强、提高	完成多种柔韧性练习
	运用层次:与已有的运动技能建立联系、灵活应用等	进行、适应、运用	基本掌握并运用田径类运动的技术
情意性目标行为动词	经历层次:从事相关活动,建立感性认识	参加、参与、体验、认识;交流、合作	体验体育活动对调节情绪的作用与效果
	反应层次:在经历的基础上表达、态度和价值判断;做出相应反应等	感受、了解、进行、完成;表现出、做出;爱护、遵守、履行;调节、融入、规范、应对;控制、迁移	在合作环境发生变化时愉快地进行体育活动和游戏
	领悟层次:具有稳定态度、意识行为和个性化的价值观念等	学会、实现、提高、发展;培养、树立、形成、养成;具有、保持、对待、尊重	对体育道德具有一定的认识并能努力实践

引自《全日制义务教育体育与健康课程标准(修订稿)》(2008年)。

三、足球教学内容的设计

(一)教学内容的分析

1. 足球教学内容的构成

足球教学内容是为了实现足球教学目标而从众多教学材料中选择出的最恰当的知识和技能体系。足球教学内容众多,其拥有一套属于自身的结构体系,在针对校园足球的教学设计中,经常会把教学内容按课程、单元和项目为层级进行划分。以校园足球的教学为例,普遍会选择类似于《足球运动》的这本教材,其中包含有足球运动的理论知识,如概述、学科理论基础、足球技术、足球战术、足球体能训练、足球规则等内容。其中的每个单元中又包含有若干项目。

需要说明的是,这些教学内容中的各组成部分几乎都不是孤立存在的,彼此之间或多或少是拥有一些关联的,如停球技术往往与传球和射门等技术相关联,二者构成一个组合动作。如果具体来看这个问题,可知教学内容之间的内在联系有如下两种形式。一种形式为序列联系,即教学内容中的各部分之间是以某种顺序进行排列的;另一种形式则是部分与整体的联系,即某一种教学内容是另一个内容中的一个组成部分。然而从实际当中来看,众多教学内容中的组成部分之间所建立的联系更多是上述两种形式的综合。

这里对足球教学内容的分析,可以看作是对学生在刚开始学习足球时的能力改变到学习终止时的能力的纵向、横向的关系的剖析过程。

在教学目标的引导下,不仅要选择出教学内容,还要确定其知识可以引申出的广度和深度,然后才是对教学内容各部分之间联系的揭示。

2. 足球教学内容的选择

教学内容的选择是在以足球教学目标为依据下,并结合学生对足球知识和技能的掌握能力而决定的。

现有的一些足球相关课程标准只是明确了各层次的教学目标,而对具体的内容则没有明确规定,这需要教师根据学生以及各方面情况具体制定。在对足球教学内容进行选择时要关注到下列几点要求。

(1)选择的教学内容应具有科学性、教育性。

(2)选择的教学内容应遵循学生身心发展规律。

(3)选择的教学内容应理论结合实践。

(4)选择的教学内容应注意统一性与灵活性相结合。

(5)选择的教学内容要注重实用性,且带有一些趣味元素。

3. 足球教学内容的组织

当结束了教学内容的初选工作后,就要根据足球运动的规律和特点对教学内容进行具体组织,使各内容之间产生逻辑关联,并从整体上看构成系统。为此,在教学内容的组织时应符合下面几点要求。

(1)由整体向部分逐渐分化。

(2)由已知向未知逐渐深化。

(3)依据足球运动本质发展规律依次排列。

(4)内容与内容之间要具备横向联系的关系。

(二)足球教学内容的层次划分与安排

足球教学中需要涉及的内容众多,然而这些多数为移植的专业足球培养体系下的内容,应用到校园足球的教学活动中并不是每一项都完全适用。为此,这里就根据足球教学内容的重要程度、难度水平以及锻炼价值给教学内容分为四个组(图3-2),如此就呈现出了不同象限内的教学的排课要求。

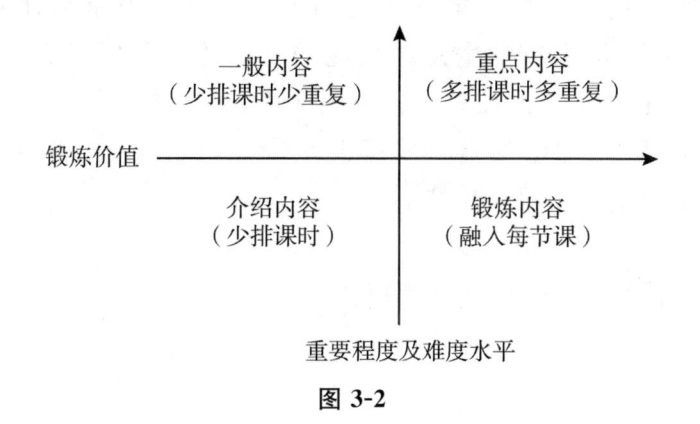

第三章　校园足球"学训一体化"之"学习"体系的构建

```
            ↑
  一般内容          重点内容
（少排课时少重复） （多排课时多重复）

锻炼价值  ─────────────────→

  介绍内容          锻炼内容
（少排课时）     （融入每节课）

       重要程度及难度水平
```

图 3-2

1. 重点内容

　　足球教学中的重点内容，主要是那些但凡参与足球运动就注定要学习的最为基础的内容，这些内容是参与足球运动的基石。具体来说，包括有足球基本知识、足球规则以及基础技术、基础战术等。作为重点内容的这些内容必然是在教学中大量安排，甚至贯穿整个足球教学活动的始终。

2. 一般内容

　　足球教学中的一般内容，主要是那些在足球运动中并不经常出现的内容，但也应教授给学生，毕竟这类内容在足球实践活动中还是会应用到的，只是在安排的频率上会适当降低，因此此类内容在各个水平层级中做适当安排即可。

3. 介绍内容

　　足球教学中的介绍内容，主要是那些在足球运动中极少出现的内容，对学生来说只是了解就足够了，在课程安排上也应少排，甚至只讲解，不做练习尝试。例如，足球运动中的倒钩射门技术。

4. 锻炼内容

　　足球教学中的锻炼内容，主要是那些顺应足球运动属性所必须练习的球感练习和体能素质练习等。这类练习是会伴随足球学习始终的,是维持学生足球技能的基础练习内容。为此,这类练习项目不仅应穿插在教学各阶段之中,还要要求学生在日常也需要注意练习,如学生自行安排跑步锻炼,以使自身始终保持良好的体能状态。

四、足球教学方法的设计

(一)教学方法的选用

在足球教学活动中,教师是教学方法的选择者,其选择教学方法的依据是教学内容或教学模式。一个良好的教学方法选择会对教学目标的实现带来事半功倍的效果。选择教学方法的依据主要有足球运动的特点、足球教学规律、足球教学目标、足球教学内容、足球教学时间、学生实际情况、教师实际情况、教学资源情况。

实际上,教学方法并非是传统意义上的施教一方对受教一方所使用的方式,它实际上还包括学生在"学"这个角度上的方法,由此看出教学方法实际上有两种内涵。教学方法是教师与学生之间产生联动的纽带,而针对足球运动的教学来说,其是处于快速发展之中的事物,为了使教学能够与时俱进,在教学方法的选择上也要有所考量,如对过去传统教学方法进行改变,甚至是直接创新。

(二)足球练习方法的构成要素分析

足球教学中包含有大量学生体能和技能方面的练习,这是足球教学活动的重要特征之一。因此,在分析足球练习方法的各要素时,就应将这些不同元素区分来看待,以给每种类型的元素匹配相应的练习方法。基本的教学方法结构可如图3-3所示。

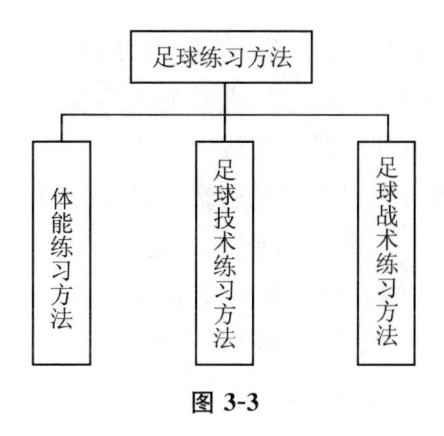

```
           足球练习方法
        ┌──────┼──────┐
     体能    足球    足球
     练习    技术    战术
     方法    练习    练习
              方法    方法
```

图 3-3

第四节 校园足球教学的组织与实施

一、足球教学文件的制定

(一)教学大纲的制定

对于任何学科的教学来说,教学大纲是教师开展教学活动的重要依据,属于最基础的指导性文件,这点对于校园足球教学来说也是如此。归根结底,教学大纲指导着校园足球教学活动发展的方向。鉴于其重要的作用,在制定时就要格外注重科学性和合理性,特别是要对大纲引领的方向做重点分析和研究,以使校园足球的发展始终走在正确的道路上。

(1)校园足球教学大纲的内容主要包括以下几个方面。

①大纲说明:大纲说明阐述的是相关文件制定的依据与原则、课程性质等,此外还对其中教学活动的完成措施做了一定的说明。

②教学目的要求:教学目的要求阐述的是校园足球教学的具体任务,如提高学生的足球理论知识、足球实践能力等,以此促进学生身体素质水平、意志品质、思想道德等的全面提升。

③教学内容及课时数分配:教学内容及课时数分配阐述的是校园足球教学中不同单元内容所需的课时数,其中重点表述的是其中的占比数值,如理论课与实践课之于总课时的占比。对于理论课来说,还应包括与课程所匹配的教学条件、教材和考核等内容。

④教材及参考书:教材所阐述的是校园足球教学中需要用到的教学参考书。大纲对教材的规定并不是唯一的,而是列举出一个可供选择的目录。学校会根据自身特点和学生的普遍能力来选择适当的教材,此外,还可以选择目录中没有的其他类型教材,以此作为对校园足球教学教材的丰富。

⑤教学设施:教学设施主要为校园足球教学所需的场地和设备等设施。其中对教学场地的要求描述得最多,其他辅助教学器材属于可选内容。

⑥考核内容和方法:考核内容和方法主要为不同类型教学内容的考核方式。大体有笔试和技术考核两种,但对具体的考试内容和指标不做安排,可由学校自行制定。

⑦成绩评定:成绩评定考察的是学生的学习态度、思想品德以及通过学习后的足球运动技能水平。其中,特别强调了在对学生开展的成绩评定中要将更多的形成性评价方式结合进来,以此以更加全面的视角对学生的学习情况进行评定。

(2)制定教学大纲的基本要求。

①从实际出发,努力贯彻校园足球教学计划中的教学目标,能够为校园足球教学目标的制定提供方向。

②对校园足球教学内容的规划要遵循足球运动的规律与特点,还要结合学校实际的课程任务和课时数来确定。

③对校园足球教学课程时数要提出恰当的分配比例,以使理论知识和实践能力的课时数更加合理。

④确定足球教学内容要秉承科学性、系统性和先进性的原则。

⑤制定的考核重点应立足于足球基本理论、基本技术与技能方面,使用的考核方法应力求客观、公正,注重对学生学习过程的评价。

第三章 校园足球"学训一体化"之"学习"体系的构建

(二)教学进度的制定

教学进度是教学活动开展的蓝图,其是以教学大纲为基础细化而来的。在教学进度中,对教学目标、教学方法等与元素与安排上有了更加细化的方案,因此,教学进度也是校园足球教学活动的指导性文件之一。

教学大纲中出现教学目标、内容和课时分配方法在教学进度中有了更加细致的安排,甚至将教学内容放入了相应的计划内,如此直接反映出了与教学进度匹配的教学方法与策略。一个科学的教学进度可使校园足球教学活动更加顺畅地进行,同时还可期待更为理想的教学效果。

制定校园足球教学进度应做到以下几点。

(1)合理安排,突出重点。对校园足球教学内容的安排要科学合理,为此,务必要以教学大纲中的规定为核心,并遵循足球运动技能培养规律,对其中的重点教学内容要能突出出来。

(2)教材安排符合逻辑。教学进度中选择的足球教材要能展现出足球运动中各方面的知识与技能,彼此间要存在紧密的逻辑关系,这会帮助学生建立起更多的技能学习的正向迁移。

(3)注重教学课的搭配。遵循循序渐进的教学原则,然后合理安排每堂教学课的教学内容,力求使每节课的内容之间都是有逻辑、有关联的,这有助于给学生的学习建立起一个系统感。

(4)理论与实践相结合。在理论与实践相结合的要求下,应注意教学进度的制定要将理论课程与实践课程彼此联系起来,而不能忽视足球理论课的重要作用。同样,即便是在实践课中,在涉及一些技战术讲解的地方,也要充分与理论相结合,这会促使学生了解到足球运动更深层的领域。

(三)足球教案的制定

教师在每堂课中开展的教学活动都是以教案作为依据的,教案可以说是每堂课教师的行动说明,是最为细致的教学文件。因此,在制定校园足球教学教案时应做到如下几点。

(1)明确校园足球教学的基本任务、教学目标、教学性质和教学进度等。

(2)根据课程内容选择恰当的教学方法、教学手段、教学模式以及教学组织方法。

(3)明确教学所需的硬件课程资源,如场地调配、器材选择、设备准备、学生人数等。

(4)安排科学的运动负荷,确保教学活动对学生能力的提升行之有效。

(5)教学任务的制定要从整体出发,但教学过程中也要兼顾学生的个别情况,使教学富有针对性。

(6)注重每次课之间的联系,力求使教学内容彼此连接成为一个体系,这也能为学生快速领悟技能提供帮助。

制定校园足球教学教案的方式主要有两种,一种是以表格的方式呈现的,另一种则是以条文的形式呈现的,具体如下。

表格式:见表3-2。在确定了课程任务后,将相关要素填入表格,从而形成教案,这就是教案的表格式呈现方法。表格式教案的优势在于简单明了,实践中的应用效果良好。

条文式:条文式教案多在理论型学科教学的教案制定中使用,其特点为除了要写明教学元素外,还要搭配讲授提纲与组织教法来使用。

表3-2 足球课教案表格式

授课班级		课的编号			上课日期			
课的基本教材				课的任务				
课的部分	时间	课的内容	组织工作	教学步骤	运动负荷			常犯错误及纠正方法
					时间	次数	心率	

二、足球教学课的组织

(一)足球理论课的组织

校园足球理论课的主要内容是与足球运动相关的各种理论性知识。虽然校园足球教学不是一项理论课,但对于学生来说,掌握必要的足球理论知识有助于其更好地学习和掌握足球技术和战术。尤其是进入战术学习阶段,如果学生已经很好地掌握了足球理论知识,那么便可以很快地理解和掌握足球战术的部署和执行方法。因此,校园足球理论课教学的主要任务是让学生掌握基本的足球理论知识,包括足球的技战术基本理论,足球的发展趋势,足球的教学、训练、裁判、组织竞赛等,并使学生理论联系实践,更好地指导校园足球运动实践。

与其他学科课堂教学组织形式相同,课堂教学也是足球理论课教学经常采用的形式,但从课堂活跃度方面来讲可以更加灵活一些,教师应更多地采用诱导性教学方法,鼓励学生思考足球运动中的各种问题。首先,以提问或讲述的形式引出前次足球课的教学内容,为新授课的内容做好学习准备。其次,进行本次课内容的讲授,对重点和难点进行反复的论证,采用提问、作业等形式,强化学生对教学重点和难点的理解和掌握。在结束部分,教师要简明扼要地总结和归纳本次课的重要知识点,布置课后作业,并宣告下堂足球课的教学内容。

(二)足球实践课的组织

(1)准备部分:校园足球教学实践课的准备部分的任务为教师向学生通报本堂课的教学内容,并做好准备活动。准备活动的作用在于将学生的身体从相对安静的状态调整到适合运动的状态,这对于降低课程中学生出现运动性伤病的几率具有重要意义。

常用的准备活动方法有身体各部位的活动操、慢跑、体育游戏、带球跑等。但应注意的是要控制好准备活动的运动负荷,太大的运动负荷显然是不合理的,且准备活动的内容应多设置集体活动的方式,以迎合足球项目团队性的开展方式。另外,准备活动的时间和项目并不是一成不变的,可根据学生的状态或气候适当做出增减调整。

(2)基本部分:校园足球教学的基本部分中安排的为主要教学内容,如足球理论知识讲授、足球技战术、足球其他技能等。这是教学的主体部分,学生身心素质的发展和运动能力的提升几乎都在这个部分中实现。

学生在基本部分中主要学习足球运动知识与技能,为此,需要特别将重点内容在有限的时间内传授给学生,当堂就要求学生练习,教师观察学生的练习,找到问题,及时解决。此外,还要依据学生的实际情况和教案选择匹配的教学方法与手段。为了提升教学基本部分的教学效率,教师应对时间进行有效控制,并且对场地和设施的使用也应尽量做到高效。教学过程中教师要始终仔细观察每名学生的练习情况,对其中一些特殊的学生表现予以记录,供课后点评之用。

(3)结束部分:校园足球教学课的结束部分的任务为使学生较为亢奋的身体状态逐渐回落,总结本堂课的情况,留课后作业。

结束部分的放松活动与准备活动的作用刚好相反,放松活动是为了让亢奋的身体状态获得平复,以便学生可以以较好的状态投入其他学习或生活中。放松活动的方式主要有低负荷体育游戏、慢跑、放松操等。结束后,由教师对本堂课的情况进行点评,提出亮点和不足。最后由教师给学生留课后要进行练习的作业,以及告知学生下一堂课的主要内容,如有必要可要求学生预习。

(三)足球实习课的组织

校园足球实习课的功能主要为提升学生的足球综合能力。所谓的足球综合能力除了指学生所掌握的各项足球运动技能外,还包括对比赛的组织能力以及一定的比赛执裁能力。就是说,足球实习课为学生提供了一切与足球运动相关的技能的锻炼平台。足球实习课的组织方法一般是融入每堂足球课之中,如可安排 2~3 名学生承担教学比赛的裁判工作,或是充当教师的助手等。

为了做好足球实习课的组织,教师需要确定好每次实习课参与实习环节的学生,如有需要,可在上一节课上就指定好人选,并给予他们指导和提示,给这些学生一个准备的时间。在实习开始后,教师应关注到他们的表现,并做记录。实习结束后,教师要对参与实习的学生进行点评,指出他们实习环节的优点与不足。

三、教学工作总结

校园足球教学工作总结是由校园足球指导教师向学校体育主管部门提交的对相关教学情况的总结性文件。简单来说,这份总结就是教师对教学任务的完成情况作出的评价,其中要包含从教学中总结到的经验以及欠缺的地方,形成文字材料。可以说,这份工作总结是校园足球教学实践的精华凝练,它反映出了真实的教学过程。这有助于校园足球管理者审视教学的总体情况,总结教学规律,找出解决教学过程中遇到的问题的方法,为提升校园足球教学活动的质量提供助力。

校园足球教学工作总结一般包含下述几点内容。

(1)介绍教学的基本情况。

(2)介绍教学过程。要特别介绍教学过程中教师与学生的教学情况,对一些特殊的教学方法、教学模式的应用及其效果要有特别记载。

(3)教学过程评价。对教学过程进行评价,包括对学生学习情况的评价,还包括对教师教学的评价。

(4)教学设想和建议。对教学阶段中出现的各种情况,特别是遇到的问题,要细致研究,找到问题的源头,探索解决方案,对下一阶段教学的开展提出设想和建议,使教学活动不断得以完善。

第五节 教师教学与学生运动员学习能力的培养与提高

一、校园足球教师教学能力提升的培养策略

(一)设定多元化培训目标

要想获得一定的培训效果,首先就要设定一个恰当的培训目标。有一点需要说明的是,参与培训的不同学员在培训需求、初始经验和足球技能等方面的能力都有很大的不同,为此,就要求在搞培训时除了设定整体学员的培训目标外,还应适当兼顾设定一些多样性的目标,以满足不同需求和等级的学员的需求。

设定多元化的培训目标应做到以下两点要求。

1. 落实"三维一体"的目标

针对校园足球教师开展的培训所指定的目标应是较为全面的,是能够促进教师能力提升的。参加培训后,教师应能掌握与校园足球相关的教学目标,包括教学目标、教学内容、教学条件等因素,此外,它还要整合三个维度,实现"三维目标"。

所谓的"三维目标"包括知识与技能、过程与方法、情感态度与价值观。在校园足球教学中实现"三维目标",应明确的是这是一个动态整合的过程。知识与技能与其他两个目标相比显然是最直观的,承载着教学的主要活动,另外两项则显得更加抽象一些,是学员在参与培训活动后在心理层面产生的变化。此两者之

第三章 校园足球"学训一体化"之"学习"体系的构建

间有着紧密的关系。知识与技能的目标关注的是教师的基本教学能力的提升,过程与方法的目标关注的是教师的自我学习和合作学习能力的提升,情感态度与价值观的目标关注的是教师的情感需求和心理发展。

对包括提升校园足球教师能力在内的所有体育培养活动来说,"三维目标"的最大价值在于其能体现出培训活动的个性化、全面化和终身发展上。为此,在对教师开展培训上,需要协调好这三维目标。

2. 要对目标达成的过程特性引起重视

在对校园足球教师的培训过程中,由于受过训练的校园足球教师的知识水平和学习能力存在差异,学习态度和理论价值存在分歧,因此,对培训中相同的教学目标和相同的教学内容的认识和理解都将有所不同。同时,参与培训的校园足球师资在学习知识消化能力上也是有或大或小的差异性的,这就要求在进行培训时,有关部门需要更合理地制定培训内容和目标。还应根据受训者的情况适当修改或调整培训讲师的教学计划,以尽可能地适应变化的受训者。校园足球教师培训讲师需要及时处理各种矛盾。此外,教学目标在具体实施过程中具有动态性。教学目标的动态性质给校园足球教练带来了新的使命和艰巨的挑战。同时,校园足球训练也为校园足球教师提供了创造空间,这也有助于激发他们的学习潜力。

需要注意的是,在培训之前所制定的校园足球培训的教学目标并不是固定不变的,是可以进行适当调整的。在校园足球训练过程中,参与校园足球教师的学习情况,学习状态和教学场景可能随时发生变化。当参与校园足球教师的学业状况发生变化时,有必要根据他们自身的经验和智慧对预期的教学目标做出适当的调整,以鼓励即兴互动的师生互动。评估足球训练和教学质量的标准不仅仅是看是否已达到预定目标,关键还取决于培训教师的教学效果。因此,这就要求培训过程中,一定要对参与培训的校园足球师资的学习状态与导师灵活处理问题的能力加以重视,因为其是校园足球培训活动成果的关键。

(二)开辟系统化培训内容

根据参与培训的校园足球教师的需求,我们将通过划分系统、子行业、开放的理论水平和专业技术水平等,促进校园足球教师的系统化培训。系统化培训应反映体育学科的特点,同时要结合校园足球训练类型的特点,让参与培训的校园足球师资能获得更多的教育机会,使其与师资培训的实际需求更一致、更具体、更有针对性。具体从以下两方面着手。

1. 构建理论与实践相结合的培训内容

实践是检验真理的唯一标准。但是,理论与实践的结合始终停留在表面上,尚未深入实施,这限制了理论的实施。目前,校园足球训练机构的教师对基层学员的教育背景缺乏认识,对职业素养的理解水平较低,对职业素养的判断较为理想。因此,这将很难在教学老师的专业指导与学生的实践之间找到联系。因此,无法实现理论与实践的结合。在校园足球训练课程的设置中,导师找不到学生的真正需求,而学生也找不到与他们的实际情况相对应的要点,这就无法将他们的学习积极性与主动性调动起来,从而使他们在培训时容易出现注意力不集中、上课瞌睡、玩手机等现象,最后所收到的培训效果必定不会好。另外,在校园足球师资的培训过程中,授课教师也往往存在着没有做好充分准备的情况,比如,备课不足、对讲解的知识点理解不够深入等,这样就会导致对很多知识点照本宣科,缺乏深层次的解释与分析,更谈不上理论与实践相结合了。因此,在培训过程中,授课教师应全面了解参训学员的基本情况,针对学员的实际情况安排教学内容,做到理论与实践相结合。

2. 培训资源要加以充分利用并进一步开发

做好校园足球培训并不是凭空就能进行的,是需要具备一定的前提条件的,而训练资源是必要的基本前提之一,也是校园足球训练的基础。对于培训机构而言,有效利用内部培训资源是培训机构的主要方式之一。培训资源的开发可以从三个方面进行。首先,我们必须坚持整合内部教育资源,内部组织资源以及在线教育和培训资源。其次,我们必须建立内部培训师资队伍系统,强调"校本"教师培训,加强内部培训或将其派往外部学校,以提高内部师资队伍的整体素质,而学校应利用足球技能作为学校的全面的员工培训以及对教师的定期评估和评估。第三,除了培训机构之外,还要聘请其他兼职培训教师。雇用培训师必须首先全面评估其培训和教学经验,特殊技能和个人综合能力,然后根据培训需求进行筛选,如果做好这项工作,将会对培训机构的资源开发产生积极影响。

(三)开展多层次培训方式

多层次培训方式,就是根据学员的知识储备水平、专业技能水平、年龄等指标对学员进行培训,针对不同级别的学员量身定制具体的学习目标,采用不同的教学方法或不同的教学方法。这种训练方法是为了提高学员培训积极性,对进一步提高校园足球培训质量都是非常有帮助的。

调查了解到,目前参与过培训的校园足球师资所占比重非常小,只有十分之一左右,导致这一现状的一个主要原因就是培训资源的缺乏。因此,大力加强校园足球教师培训,开展多层次培训方式,提高业务水平是非常重要且必要的。

1. 国培与省培相结合

"国培"是"省培"的战略指导,"省培"是"国培"的精神传承。两者相辅相成,缺一不可。为了更好地做好师资的培训工作,我国相继启动了"省培计划""国培计划"项目,相对而言,从组织结构、专家团队、业务指导和资源建设等方面来看,国培的专业性较强,信息量更大,资源获取便捷。但是,也存在缺点,例如范围相对狭窄,培训目标不足以及培训人数通常非常有限,特别是对于通常缺乏机会的农村地区的教师而言。"省培"与基层的实际情况联系更加紧密,"国培"的这一缺陷得到了有效弥补,但仍有许多地方需要进一步完善和整合。"省培"需要学习"国培"在培训师资、培训内容、组织管理等方面的优势,紧密结合每一批学生的实际需求,从培训的各个方面实施培训的建设。结合实际情况,积极做好"国培""省培"的紧密结合,使培训的效果得到有效保证。

2. 地方足球协会与地方教育部门培训相结合

因为"国培"和"省培"的数量有限,所以开展地方培训是对"国培"与"省培"的补充。要将地方优势充分发挥出来,使地方教育行政部门与地方足球协会联合进行地方足球师资培训。地方教育行政部门要想方设法,尽可能为校园足球师资提供更多的学习机会。安排一些优质师资讲授足球理论、观摩本地区优秀的教学体系、训练体系、管理体系、课程设置、观摩校园足球教学的优秀案例等。地方足球协会注重"训",安排一些优质教练讲授足球技战术,提高学员实战能力,满足学员需求,丰富学员培训方式等。

(四)建立多层次监管体制

进行有效的校园足球师资培训的一个重要前提条件是建立较为完善的校园足球培训的监管机制。校园足球培训在相关保障机制的共同作用下,才能发挥校园足球训练的正常功能,各级教育行政部门应该增强管理力度,严格按照标准执行,合理利用资源,消除资源浪费现象,才能取得满意和良好的培训效果。

1. 建立健全有效保障机制

校园足球训练的保障机制是正常开展校园足球训练的基本条件。建立和完善有效的校园足球训练保障机制,首先需要确立校园足球训练目标,目标的制定要因地制宜、实事求是。具体来说,可以采取以下几个举措:第一,将培训教师主人翁的地位确定下来;第二,改革和完善校园足球培训管理体制;第三,建立有利于激发教师积极性的校园足球培训管理制度。

2. 建立多层次监管平台

建立足球师资培训的监管平台,加强对足球师资培训的监管是足球培训的长效机制。目前,各级足球师资培训存在因监管不到位而导致的一些问题。因此,建立足球培训监管平台就成为我国的各级足球师资培训过程中的当务之急。从当前形势来看,针对监管平台,可以建立国家级监管平台和省级监管平台。国家级监督平台主要监督国家培训和省级培训这两部分。省级监督平台可以监督省级培训和地级培训。监督平台需要检查培训机构和培训学校是否有资质并能满足培训要求,以及检查培训教师是否满足要求,监督整个培训过程和教学过程,并在整个培训期间对学员进行跟踪调查。因此,这就要求在建立监督平台时,一定要使我国足球师资培训持久有效的重要机制得到有效保证。

二、现代体育教学中促进学生发展的措施

体育教学的目的是为了促进学生的身心乃至全方面的发展,为此,对现有体育教学元素进行改进,或找到新的有助于提升教学效果的措施就显得很有必要。具体措施如下。

(一)树立先进教学观念,贯彻科学教学思想

教学理念是指导教学活动发展方向的基本思路,因此,树立一个相对先进的教学理念,并且融入科学的教学思想就非常关键。目前我国在教育领域中树立起的教学思想为"以人为本"和"终身体育"。根据"以人为本"观念,在教学中就要对学生的主体地位予以保障和突出,使学生也能成为课堂的主体,与教师平等探讨教学问题,这无疑也能对他们综合素质的提升带来帮助。

"终身体育"的观念则是力求将体育锻炼融入学生的生活之中,使学生认定锻炼是生活的一部分,是跟随自己一生的习惯。在这样的教学观念和思想的引导下,才能让学生认识到体育学习和锻炼的重要性,才能使学校体育教学的效果更符合预期,才能切实对我国人民的身心素质的提升做出贡献。

(二)深化体育教学改革,提升体育教学效果

不断深化体育教学改革,是促进体育教学水平提高和学生全面发展的途径。对体育教学进行改革,首先要瞄准的就是教学内容,然后就要匹配相应的教学方法和教学手段。对体育教学内容的丰富是引入一些更新的、与时俱进的、更适合学生所处时代的项目,其优势在于能大大提升学生参与体育教学的热情,激发学生的兴趣。而从项目的角度上来讲,通过被引入到学校体育教学中,也迎来了广泛发展的生机。对于教学方法和手段,长期使用的一些方法和手段仍旧有存在的必要,基础的教学方法等是不会被取代的,变革的部分是引入或创新一些新的教学方法和手段,这也是体育教学发展的所必须要求的。只有当教学方法和手段更加丰富和适配后,体育教学的内容才更能以生动的形象展现出来,为学生所学,体育教学的效果也就在无形之中获得了提升。

(三)促进教师综合素质提高,创造良好教学环境

对任何学科的教学来说,师资力量始终是决定教学效果的关键要素之一。教师身处教学一线,直接面对学生进行知识与技能的传授活动,为学生答疑解惑。从另一角度上讲,教师也是学生的榜样,是学生热衷模仿的对象,这就使教师具有了示范与引导作用。这样看来,师资队伍的整体素质就对教学产生了较大影响,加强师资队伍的建设就成为了关键工作。现如今,我国的体育教师多出自体育专业院校,因此,这些体育院校就承担起了提升教师综合素质的重任。

而对那些已经加入到体育师资队伍中的教师来说,也不应忽

视对专业知识的学习,应积极参加各种培训活动,向资深教师或有着丰富教学经验的教师学习,日常中也要关注所教项目的发展趋势。在拥有了一定的教学经验后,还可对教学方法和手段做创新性尝试,以提高自身的专业教学技能。学校也要为提升学校体育师资队伍的水平而做出各种努力,为教师的深造和培训提供多方途径。另外,还要从创造体育教师的良好教学环境入手,解决体育教师面对的诸多问题,以期调动他们的教学积极性和身为体育教师的荣誉感。

第四章　校园足球"学训一体化"之"训练"体系的构建

在校园足球教学中,历来就存在着一定的学训矛盾,处理好二者之间的矛盾,走出一条"学训一体化"发展的道路对于校园足球的发展具有重要的意义。足球训练是"学训一体化"建设中非常重要的内容,其训练质量如何将直接影响到学生的发展及校园足球教学与训练的发展。

第一节　校园足球训练的科学原理

足球训练是一个长期的过程,这一训练过程中充满了各种变数,要保证足球运动训练的顺利进行,就需要有一定的科学原理做保障。作为一名运动员要充分认识、了解与掌握这些基本原理,以为足球训练提供必要的指导。

一、认知原理

（一）认知规律

个体/群体认知表现出一定的规律,具体表现在以下三个方面。

首先,人的认知能力是与生俱来的,同时也是受环境、年龄、心理等多种因素影响的。

第四章 校园足球"学训一体化"之"训练"体系的构建

其次,人认识事物都是由表及里、由外及内、由浅入深的过程,这一个过程是不以人的意志为转移的,这就是认知规律。

最后,个体的认知具有一定的规律性。不同年龄阶段的人的认知表现出不同的特点,同一个年龄阶段的人表现出一定的认知统一性,但同时,不同个体的认知又表现出一定的个体特点。

(二)认知原理的运动训练指导

运动训练学研究表明,人的认知能力和运动训练是相互影响的,具体分析如下。

一方面,运动员经常参加运动训练能促进个人注意、反应、思维等能力的提高,有效提升智力水平,促进人的个性的养成。

另一方面,运动员认知水平的提高有利于运动训练的顺利进行,只有运动员的认知水平提高了,才能在运动训练中快速掌握各种技术动作,从而提升自己的竞技水平。认知原理对运动训练的科学指导作用主要表现在提高运动者认知水平对其参与运动训练的促进作用方面。

二、运动负荷原理

运动员参加任何形式的运动训练都需要合理地把握与确定运动负荷,一个合理的运动负荷对于运动员参加运动训练意义重大。合理的运动负荷是运动员参加运动训练的重要前提,运动员在运动训练中要充分贯彻运动负荷的基本原理。

运动负荷原理,是指运动员在运动训练中主动引起机体的生物适应,伴随着运动训练的逐步进行,运动员机体的运动负荷适应能力也得以不断提高,在这样的情况下,运动员的运动水平得以逐步提升。

综上所述,运动员在足球训练的过程中要十分重视运动负荷原理的应用,只有确定合理的运动负荷并将其充分贯彻于运动训练之中,才能取得理想的训练效果。

一方面,运动员在参加训练的初期,可以增加负荷量来促使机体逐步适应运动负荷,在适应之后再逐步增加负荷强度,这样能给有机体强烈的刺激,从而促进机体运动水平的发展和提高。

另一方面,伴随着运动训练的不断进行,运动员的身体素质及运动能力都会发生一定的变化,这就需要根据具体情况合理地安排运动负荷。

三、良好竞技状态原理

竞技状态可以说是人体机能能力在比赛之前及比赛过程中的一种状态反应,影响运动员竞技状态的因素有很多,其中主要受生理机能和神经心理两方面因素的影响。如果运动员具备了良好的竞技状态表明运动员已具备了良好的体力及心理素质,其现有的运动训练水平能保证其顺利完成比赛。

一名运动员是否具有良好的竞技状态,要有一定的指标做依据,一般来说,主要以下两个指标作为主要的判断依据。

(1)观察运动员是否能迅速进入工作状态,并具有良好的工作能力,在经过一段时间的运动训练后能迅速恢复到原来的身体状态。

(2)运动员在训练过程中是否感到疲劳,是否具备继续参加运动训练的欲望和信心。具有良好竞技状态的运动员通常在训练和比赛中都有着良好的情绪,有着高度的自信。

一般情况下,运动员的竞技状态主要受以下几个因素的影响。

第一,运动员身体机能的变化。

第二,运动员的准备活动是否充分。

第三,足球比赛的级别和性质等。

在具体的足球训练中,教练员一定要采取各种手段和措施激发运动员良好的竞技状态,从而促使其积极地投入到运动训练之中。

四、超量恢复原理

一般来说,足球运动员的整个训练过程主要分为训练与恢复两个部分,这两个部分是缺一不可的,缺少了任何一个,运动训练都难以顺利地进行。运动员在参加运动训练的过程中,机体会承受一定的负荷,消耗掉机体大量的能量,通过能量的消耗,运动员机体才能出现必要的适应性变化。需要注意的是,在运动员机体消耗一定的能量后,需要采取必要的措施与手段及时的恢复,否则就难以进行接下来的训练。

运动员参加运动训练的主要目的在于实现超量恢复,超量恢复是指,运动员在运动后的恢复过程中,在一段时间内人体中因运动训练而消耗的能源物质不但能够恢复到原有水平,而且还可以高于原先水平,达到更高的状态。超量恢复对于运动员训练水平的提高及技术能力的发展都具有重要的意义和作用。在影响超量恢复的诸多因素中,运动负荷是其中最为重要的一个因素。运动员在参加足球训练的过程中,一定要注意合理地安排运动负荷,要根据身体情况和训练实际及时合理地调整运动负荷,这样才有利于实现超量恢复。

总之,超量恢复原理可以为运动员合理安排运动负荷、身体机能与运动素质的提高提供重要的依据。这一原理与应激原理、适应性原理、运动负荷原理、机体适应原理等都具有同样的重要性,在足球训练中,运动员一定要注意机体的超量恢复。

五、运动素质转移原理

(一)运动素质转移的类型

运动素质转移的类型是多种多样的,下面就对主要的几种加以分析和研究。

1. 直接转移和间接转移

(1) 直接转移

直接转移，就是一种运动素质的发展对另一种素质的改变产生直接的影响，或者在同一种素质中所发生的变化也是直接产生的。

直接转移原理作用非常大，在提高运动训练质量方面是非常显著的。从该原理的角度出发，其对运动员在专项体能训练之前必须进行一般体能训练是非常重视的，这样能够为专项运动素质的提高创造前提条件。在运动训练中，直接转移规律也会发挥其作用，在一定程度上支配对一般身体训练与专项身体训练进行处理所选用的手段、负荷等。

(2) 间接转移

一种运动素质的发展对对另一些素质的发展所产生的作用是间接的，这就是所谓的间接转移。相较于直接转移来说，间接转移要想取得显著效果，需要经过较长的时间才可以。

2. 同类转移和异类转移

从运动素质之间的关系看，转移可以分为同类转移和异类转移。

(1) 同类转移

同类转移，即同一类运动素质在不同运动项目或不同动作上所发生的转移。身体的用力部位和用力时间，是力量素质的同类转移的决定性因素。主要原因在于，耐力素质的发展是离不开与之相关的身体系统的，耐力素质的同类转移，在量上是非常大的。而速度素质的同类转移，受到神经系统协调机制的决定性影响，它的同类转移在量上是非常少的。

(2) 异类转移

异类转移，就是不同运动素质在各种运动素质之间发生的转移。异类转移的效果通常都是非常小的，但是在有系统训练的高级运动员身上的所体现出的效果则是相对比较显著的。

3. 良好转移和不良转移

(1) 良好转移

良好转移,就是产生的转移是积极的、正面的,一种运动素质发展对另一种素质产生的作用是促进性的、有帮助的;或在同一种素质中,一种表现形式的发展能对另一种形式的发展起到正面的作用。这两种形式都属于良好转移的范畴。

(2) 不良转移

不良转移,与良好转移是相对的,就是消极的、反面的转移,换言之,就是一种运动素质的发展从负面的角度来影响另一种素质的发展,甚至对后者产生的影响是有害的;或同一种运动素质中,某一种表现形式的发展对另一种表现形式的提高所起到的作用是制约性的,甚至阻碍性的。

4. 可逆转移与不可逆转移

(1) 可逆转移

可逆转移,就是转移双方之间是可以互相实现的,不管是哪一方的发展变化,都会对对方产生相应影响,并使其发生一定的改变或者变化。

(2) 不可逆转移

单方面的影响和作用,就是所谓的不可逆转移。

(二) 运动素质转移的关系

在体能训练中,运动素质转移的关系主要有以下几种,要加以注意。

1. 效果与负荷转移的关系

运动素质的积极转移的实现,首先需要具备一个重要条件,就是其中有某个运动素质通过训练得到了有效发展,在这样的情况下,其他运动素质才能受到积极影响,发生积极转移。

在特定的范围内,练习的负荷量越大,所产生的转移的效果就越显著。反之亦然。

2. 发展素质与产生后果的关系

由于良好转移所产生的影响的正面的、积极的,因此,运动员在进行身体训练的过程中会对其进行追求,鉴于此,就要求运动员在训练和提升某项运动素质时,采用的训练方式和手段,都必须是那些能产生良好转移的,这样,最终所得到的良好转移效果能保证理想化,这对于目标运动素质的发展和提高是有有力保证的。

如果在身体训练过程中,能够预见到某些训练会产生不良转移效果,那么就需要及时采取相关应对措施,对其时机、次数和采用的其练习手段与方法等进行适当调整,从而使其所产生的不良转移效果能够得到有效淡化。

3. 训练水平与转移程度的关系

对于运动员来说,其训练的年限越长,训练水平就会越来越高,同时,运动员有机体的可塑性程度会因为生物学改造的完善程度的提高而有所下降,如此一来,训练产生反应的选择性就会大大增加。针对这一类型的运动员来说,只要是能产生良好效果的训练,就是有效的,因为只有通过这些练习,不断获得小的良好效果,日积月累,才能达到有效提升运动成绩的目的。

进入到专项训练的阶段之后,运动员还需要积极发展其自身的速度素质,而这,则通常是通过一些力量素质的训练实现的,但是,如果高水平运动员采取的力量训练是一般力量训练,那么,其对速度素质的发展所起到的促进作用就不存在了。此时,良好转移的选择性特点就会更加显著,因此,科学合理地选择练习手段是非常重要的一个步骤,不可忽视。

4. 间接转移与产生效果的关系

对于不同的运动素质来说，它们在训练过程中所产生的转移效果产生的时间是有所差别的。通常来说，在短时间内，间接转移的效果是很难体现出来的，因此，这需要在很长的一段时间内进行验证和转化。

另外，运动员的体能训练水平要想得到有效提高，就必须充分利用起所有可以利用的条件和因素，以求达到最佳效果。同时，还要做好能产生间接转移效果的练习的合理安排。

5. 不同训练时期与利用转移效果的关系

一般的，间接转移对时间的要求是比较长的，这种转移形式的适用范围是有所限制的，各个大周期的准备期第一阶段或比赛期开始阶段内是比较适用的，如此一来，其竞技状态就会形成，在进入竞赛期后，转移的效果也会得以充分发挥。

相较于间接转移，直接转移效果的显著性要更好一些，效果显现的速度较快，因此，这通常会广泛应用于竞赛期，这样可以使练习产生的效果直接转移到专项所需要的方向上去。

第二节 校园足球训练的基本思想与原则

一、校园足球训练的基本思想

(一)训练的教育思想

在校园足球训练的过程中，除了要指导学生进行科学的训练外，还要帮助学生树立科学的教育思想，对学生进行人文素质教育。进行运动训练的目的不仅仅是取得比赛胜利，还有一个重要的目的在于育人,促进人的全面发展。因此,在平时的校园足球运动训练中,要非常重视学生运动员的文化课学习,处理好学训之间的矛盾,对学生运动员进行必要的系统性教育。也就是说在运动训练中要树立先进的教育思想。

因此,教育性训练理念就成为足球运动员进行训练的一个重要指导思想。要想很好地贯彻这一指导思想,就需要在平时的训练中注意以下几个方面。

1. 公平性

在平时的足球训练中,教练员一定要充分灌输给学生运动员公平性竞争的基本原则,要公平地对待每一名运动员,给予所有的运动员同等的机会去表现自己,这样才能充分激发运动员的潜力,营造一个良性竞争的氛围。这对于发掘与培养足球人才都具有重要的意义。

2. 行为规范

在平时的足球训练中,还要树立良好的行为规范。这样才能维持良好的训练秩序,有利于取得理想的训练效果。

(1)培养学生运动员讲文明、讲礼貌、讲团结、讲奉献等优良品质,培养学生运动员团结协作的集体主义精神。

(2)培养学生运动员遵纪守法的习惯和意识,要求他们严格按照制定的训练纪律和规则参加训练,不能违反相关的训练规定,否则就要受到一定的惩罚。

(3)培养学生运动员刻苦训练的精神,提升他们的自信心,让他们拥有一个健全和完善的心理,能正确地应对各种训练好比赛状况。

(4)培养学生运动员的职业素质,让他们意识到树立事业心的重要性,培养责任意识,不断发展自己。

(5)培养和学生运动员公正竞赛、团结拼搏的职业道德,让他们正确处理好个人与集体之间的关系,勇于奉献自己。

(6)培养学生运动员良好的卫生习惯和个人饮食习惯,摒除不良生活嗜好,获得健康发展。

3. 职业道德教育

有很多的学生运动员将来会走上职业化的道路,因此对他们进行职业道德教育是非常有必要的。教练员要指导学生运动员在平时的生活和训练中学会自律,遵守比赛规则,严格按照公平竞赛的精神参加训练和比赛。

在足球比赛中,运动员应注意自己的各种行为,保证比赛的顺利进行。

(1)当本方失利时,需要注意自己的负面情绪,要及时调整自己,杜绝不良行为,以免给人产生消极影响。

(2)在比赛失利时要勇于承担责任,即使可能是因为队友的犯规或裁判判罚的失误。

(3)不要采用污辱性的语言挑衅对方,不能伤害他人的身体和心灵。

(4)不能在训练和比赛中向他人表示出敌意。

(5)在训练和比赛中不能故意伤害他人,不能做出违背体育道德的行为。

(6)不能为了达到比赛胜利的目的而做出违反公平竞赛精神的行为。

(7)不能在比赛中试图以欺骗的手段使对方运动员被罚下场,这不符合职业道德和精神。

(8)运动员之间应相互尊重,不能讽刺和嘲笑对方。

(9)体育比赛胜败都是常有的事,理应胜不骄败不馁,要享受整个比赛过程。

(二)训练的科学性思想

(1)根据具体的训练实际和个人特点确定合理的训练目标。

(2)制定的短期目标要与整个训练进程相适应,符合训练的基本要求。

（3）教师为学生运动员提供的指导要科学合理，利于学生足球运动水平的提高。

二、校园足球训练的基本原则

（一）积极性训练原则

在校园足球训练中，还要充分贯彻积极性训练的基本原则，这一原则要求教练员在训练过程中除了传授知识和技能外，还要注重激发学生运动员的训练积极性。启发和引导学生运动员训练的积极性也是教练员的重要职责。在足球训练中，教练员充分运用设疑、联想、形象、对比等方法来启发运动员的积极思维。并且由于其所教授的足球运动是一项对动作操作思维、战术思维和快速反应能力要求很高的运动，所以在训练中也要注意提升学生运动员在这方面的能力。动机的形成首先是从兴趣开始的，学生对足球产生了兴趣并不一定最终能转化为动机，有些兴趣是暂时的，要想将兴趣成功转化为动机，就需要教练员有意识的引导和协助。如此更容易变运动员的"要我学"为"我要学"，积极性更高的学习态度，自然更能提升足球训练的质量。

大量的实践表明，训练效果与学生运动员的足球训练动机有着较为紧密的关联。一旦学生没有一个端正、明确的训练动机，也就很难以积极的心态学习新东西，这种状态非常不利于足球训练活动的顺利进行。如此一来，帮助学生运动员明确训练目标和协助他们向这个目标前行就成了激发他们训练动机、提升训练积极性的关键所在。

在具体的足球训练中，只有建立起一个平等和谐的师生关系，学生才能感受到是在一个良好的训练环境中进行训练，这对于学生提升自信、保持乐观的心态、促使其积极的训练都具有重要的意义和作用。

第四章　校园足球"学训一体化"之"训练"体系的构建

（二）注重对抗性原则

注重对抗性原则是足球运动自身对抗性特点的必然要求。足球运动中充满了对抗，场上双方进攻和防守两端的对抗是贯穿全场的。不仅如此，过程中还有个人一对一的对抗和团队整体的对抗。在对抗层面上，有技战术层面的对抗、心理层面的对抗、智力层面的对抗以及意志品质层面的对抗。种种这些对抗最终构成了足球运动的核心。也正是基于众多层面的对抗，使得这项运动魅力无穷，深受人们的喜爱和热情参与。

学生运动员在参加足球训练的过程中，一定要充分贯彻对抗性的基本原则，在平时的训练中要认真研究蕴含在对抗中的矛盾问题。以进攻和防守这对足球运动中的最主要矛盾来说，进攻与防守是彼此制约的，二者存在于一个统一体里，有着辩证统一的关系。这要求制定训练计划时就要恰当处理进攻和防守的关系，特别是在技战术内容的教学中不要将进攻和防守完全分割开来学习。在设计训练方案时就要注重进攻与防守的内容成对出现，如在指导脚内侧射门时，就可以安排一些干扰和封堵练习；在指导区域防守战术之后，就可安排局部进攻配合战术。如此一来，即可实现用防守制约进攻，用进攻提高防守，两者互相克制，达到事半功倍的训练效果。再有，要有意识地提高攻守对抗的强度，要经常性地在技战术训练中半模拟或全模拟实战对抗的场景，只有如此才能从根本上提高足球训练的效果和质量。

（三）系统性训练原则

系统性是指足球的内容要前后连贯、保持一致，运动员要想取得理想的比赛成绩，就必须要依靠长期的系统性训练，没有捷径可走。因此，系统性训练原则是足球训练的一个非常重要的原则。遵循系统性训练原则需要注意以下几个方面的问题。

1. 要正确确定训练的任务、内容、指标和要求

青少年正处于青春发育的阶段，因此在安排足球训练时一定要结合年龄特征及其现有水平,合理计划训练,做到由简到繁,由易到难,循序渐进,由浅入深,打好基础,这样才能有效促进运动员训练水平的提高。

2. 要注意各个训练阶段的衔接问题

在平时的足球训练中,要注意全面地考虑问题,实事求是地制定切实可行的计划,使训练系统化,以保证训练连贯性。

3. 合理安排训练和休息

为保证运动训练中的安全,学生运动员还要注意训练中休息时间的合理安排,这样不仅有利于运动训练的顺利进行,还能有效避免运动创伤,促进身体机能的良好发展。

为促进学生运动员训练活动的顺利进行,可以根据学校的具体实际情况,在开学之初适当安排一个恢复阶段的训练,循序渐进地提高学生运动员的身体水平,以满足训练和比赛的需要。在年末可以适当安排一些小负荷的训练,促使运动员的身体得到快速有效的恢复,从而为下一学期的训练和比赛奠定良好的基础。

(四)区别对待训练原则

每一名学生都是不同的,在各方面都存在着一定的差别,因此在进行足球训练的过程中,教练员要充分贯彻区别对待的基本原则。为保证训练的质量和效果,教练员要事先了解和掌握每一名学生运动员的具体情况,包括身心发展特点、运动基础、兴趣爱好等,依据这些条件制定合理的训练计划。只有如此,才能取得理想的训练效果。

在遵循区别对待原则的同时,也要注意以下几个方面。

(1)全面了解学生运动员的个人特点。在平时的足球训练中,要依据学生运动员的身体特点和运动能力进行有针对性的训练,合理安排各项训练活动。如针对性格开朗外向的运动员可以多采用一些强烈的语言刺激的方式;针对身体素质好的运动员应多采用专项训练的方式;针对训练水平高的运动员可以增大负荷量,反之则较低负荷量;针对理解能力较强的学生可进行一些必要的讲解,而对理解能力较差的学生则要多一些动作示范和指导。

在观察与了解学生运动员基本情况时,可以采用形态、机能测试的方法,全面了解和掌握学生运动员的基本情况,这样才能给予有针对性的指导和训练安排,才能促进所有运动员的全面发展。

(2)运动员的特点及运动能力是通过训练计划反映出来的,因此制定一个科学和完善的训练计划是非常重要的。针对不同特点与能力的青少年运动员,应制定专门的训练计划,以充分满足他们的训练需求。

(3)在学生运动员训练过程中,要贯彻区别对待的基本原则,每次训练课都要针对学生运动员的特点与实际情况进行合理的安排,认真处理好运动训练中的各项内容。

以上几个原则并不是孤立的,而是相互联系在一起的,只有认清训练中各要素的关系与内涵,才认真全面地贯彻足球运动训练,才能切实提高运动员足球运动水平。

(五)趣味性训练原则

由于整个运动训练过程都比较枯燥,长此以往,学生运动员就容易失去参加训练的热情。因此在安排训练活动时还要贯彻趣味性训练的基本原则。针对活泼好动的学生运动员,可以采用多样化的训练形式,利用各种游戏方式来组织训练活动。如此可以很好地激发学生学习的兴趣和热情,提高训练的质量和效果。

(六)周期性训练原则

足球训练是一个长期的具有周期性的过程,贯彻周期性训练原则对于提高足球训练的质量和效果具有重要的意义。教练员在平时的足球训练中要非常重视周期性训练原则。

需要注意的是,运动员在贯彻周期性原则时,需要注意以下几个方面的问题。

(1)划分训练周期时,要采取各种手段与措施加强基础性训练,制定合理的训练计划。竞赛期的训练安排要结合比赛实际而定。休整期也要坚持训练,但训练的负荷量要小。

(2)加强身体素质与技术的结合训练,在参加比赛前做好充分的心理准备,以良好的心态迎接比赛的到来,这样有利于运动员比赛中正常运动水平的发挥。

(3)在进行长期的运动训练后,运动员要做好充分的总结经验,抓住主要问题所在,分析和解决问题,科学、合理地安排下一周期的训练,从而促进运动员训练水平的进一步发展和提高。

(七)直观性训练原则

对于学生运动员而言,其足球训练基本都是沿着直观、实践、建立概念、学会和掌握动作技能的思维认识程序进行的。直观感性认识在其中扮演着十分重要的角色。运动员要认真细致的对待每一个训练环节,充分理解与掌握各个技术动作,不断提高自身运动水平。因此,一定要在训练中充分贯彻直观性训练原则。

在足球训练中贯彻直观性训练的基本原则,需要注意以下几个方面的要求。

1. 注重在初期多采用示范训练

在足球训练的初期,教练员要为运动员提供正确的示范和指导,正确示范与错误动作示范相结合,充分运用多种示范方法进行指导,遇到复杂技术时,要为学生运动员提供必要的帮助和保护,以避免运动损伤。

2. 要利用多媒体等直观方式

随着现代社会的不断发展,高科技手段得到了充分的利用,因此在平时的训练中,还可以借助各种多媒体训练手段为学生提供帮助,让学生进行积极的模仿,感知动作技术的完整性与规范性,这样能有效提高学生的足球运动水平。

(八)动机激励原则

学生运动员参加足球训练是有一定的动机的,因此在训练过程中还要遵循动机激励的基本原则。动机激励是指通过多种方法和途径,激发运动员积极主动地参加运动训练的原则。这一原则应充分贯彻足球训练的始终。

贯彻动机激励的基本原则,需要注意以下几个方面的要求。

(1)在具体的训练过程中,对学生进行训练的目的性教育和价值观教育。

(2)充分满足学生运动员各方面的训练需求。

(3)充分发挥运动员的主体作用,促进训练效果的提高。

(4)激发全体运动员参加训练和比赛的兴趣。

(5)教练员来做好示范与指导工作,为学生运动员树立一个良好的榜样。

(6)各种动力手段的利用要合理,能有效激发运动员训练的热情。

(九)竞技需要原则

竞技需要原则是为了促使运动员竞技能力和运动成绩得以提高,结合具体实战,合理地安排训练内容、训练手段和方法等的原则。这一训练原则主要是针对比赛而制定的。

首先,竞技需要的基本原则与训练的目标大体是相一致的。

其次,当今足球运动训练水平出现越来越专业化的趋势。

在平时的足球训练中,要充分贯彻竞技需要的基本原则需要注意以下几个方面的要求。

(1)合理地安排训练和比赛。
(2)要认真处理好运动训练中各个方面的问题。
(3)针对运动员的专项竞技能力结构与特点安排训练活动。
(4)按照竞技需要的原则确定运动训练负荷内容和手段。
(5)确定运动训练负荷的基本结构。

(十)全队训练与个人训练相结合原则

足球是一项集体项目,在具体的训练中,主要分为全队训练、小集体训练和个人训练等几种形式。全队训练主要是由教练员统一指导的,以全队技战术、教学比赛为主要内容的训练形式。全队训练的目的在于提升球队整体技战术的运用能力以及全方位的对抗能力。小集体训练主要是以几个人为一个小组进行教学和训练的形式,训练的主要目的在于提高运动员局部范围内的配合能力。个人训练则是球员针对个人技术的提升进行的独自进行或有人辅助的练习,主要目的是提高运动员的个人技战术水平及特长技术。

足球属于集体性项目,其中既有团队的对抗,也有个人的对抗。因此要将全队训练与个人训练结合起来进行,这样才能直观地看到个人能力的提升对球队整体能力提升带来的成果,才能取得理想的训练效果。除此之外,通过全队训练,也可以发现个人技战术中存在的不足,从而重点解决这些不足,促进全队与个人能力的共同发展。

(十一)训练与比赛相结合原则

足球训练的主要目的在于提高运动员及团队的竞技水平,为更好地参加比赛奠定良好的基础,一句话概括就是运动训练就是为了获得更好的比赛成绩。因此,一定要遵循训练与比赛相结合的原则,将比赛氛围或条件植入训练之中,潜移默化地提高运动员的技战术水平。此外,组织开展教学比赛也是检验此前训练成果的好方法。教学比赛的组织实际上是一种以赛带练的训练形式,教学赛的结果并不重要,重要的是通过这种方式来发现日常训练中可能隐藏较深的问题,有针对性地弥补运动员的技术不足及解决训练中存在的各种问题,有效促进运动员自身水平的提高。

总的来说,创造条件、改变条件、变换环境、增强实力始终是训练的几项任务,而以比赛的形式让球员获得实战经验,提高技战术的运用能力也是球员能力提升的关键一环。在具体的训练中,以真实的比赛情境组织运动员进行训练能受到良好的训练效果。因此,训练与比赛相结合的训练形式值得大力提倡和推广。在具体的训练中要充分贯彻与遵循这一科学原则。

第三节　校园足球训练方法的设计

一、重复训练法

重复训练法,就是指反复进行某一训练内容的练习,通过持续不断地练习而掌握巩固与提高运动技术的训练方法。这一方法在足球运动训练中得到了充分的利用。

(一)训练法类型

(1)一般来说,根据训练时间的不同,可以将这一训练方法分为短时间重复训练方法(不足 30 秒)、中时间重复训练方法(0.5~2 分钟)、长时间重复训练方法(2~5 分钟)三种。运动员在进行训练的过程中要结合自身的具体实际合理确定训练方法的类型,实际上在具体的训练中,以上三种类型都会涉及。

(2)根据间歇时间的长短,可以将重复训练法分为连续重复训练法和间歇训练法两种。这两种训练方法都得到了广泛的利用。

(二)训练法应用要求

(1)时刻观察学生运动员在训练中的情绪和态度,努力激发其训练的热情和积极性。

(2)严格规范技术动作。连续出现错误动作时,应及时给予纠正。

(3)要合理地控制与调整运动负荷。

(4)结合实际科学确定运动训练的数量、负荷、次数。

二、持续训练法

持续训练法,指需要一定的运动负荷强度,负荷时间较长,无间断地连续进行练习的训练方法。

(一)训练法类型

(1)根据训练时间的长短可以将持续训练法分为短时间持续训练法、中时间持续训练法和长时间持续训练法三种。在足球训练中,大多数情况下主要采用中长时间结合训练法的方式。

(2)根据足球训练的节奏,可以将持续训练法分为变速持续训练法、匀速持续训练法两种。

(二)训练法应用要求

(1)运用持续训练法时,首先要制定一个科学、合理的训练计划,科学安排间歇,确保训练的持续性。

(2)注重运动员对具体的技术动作的稳定性的提高,在此基础上坚持长期的训练。

三、循环训练法

循环训练法,是指对训练内容进行训练任务的划分,依次完成各个训练任务,各训练任务不断循环重复完成的训练方法。这一训练方法在足球训练中也得到了广泛的利用。

(一)训练法类型

(1)根据运动负荷的基本特征,可以将循环训练法分为循环重复训练法、循环间歇训练法和循环持续训练法三种类型。

(2)根据训练的组织形式可以将循环训练法分为流水式循环训练法、轮换式循环训练法、分配式循环训练法三种类型。

(二)训练法应用要求

(1)运动员在足球训练的过程中,要根据阶段训练任务的变更及时调整或变换训练方法,以适应运动员身体及技术发展的需要。

(2)一般情况下,循环训练任务应逐渐增多,最多不宜超过5个循环。

四、完整训练法

完整训练法是指训练从头至尾进行完整的训练,有助于运动训练者流畅地掌握运动训练内容与方式方法。

在足球训练中,应用完整训练法时需要注意以下两个方面的要求。

(1)在进行复杂的技能训练时,运动员要首先打下良好的技能基础,这样才能更好地学习与掌握复杂技能。

(2)在出现错误动作时,教练员要及时给予纠正。

五、分解训练法

分解训练法是与完整训练法相对的一种训练方法,这一训练方法是指将运动训练内容分阶段、分步骤完成的运动训练。

分解训练法可细分为单纯分解训练法、递进分解训练法、顺进分解训练法、逆进分解训练法等。

在足球训练中,应用分解训练法时需要注意以下几个方面的要求。

(1)分解时,注意不要切断必然的联系。

(2)各环节熟悉掌握后注意整合练习。

六、间歇训练法

间歇训练法是通过对训练时间的严格规定,有机结合与搭配训练内容与训练时间而进行的练习。

间歇训练法由五个基本要素构成:练习数量、负荷强度、重复次数(组)、间歇时间和休息方式。

在足球训练中,应用间歇训练法时需要注意以下几个方面的要求。

(1)根据超量负荷的原理科学安排训练过程。

(2)间歇时间要具有一定的科学性和合理性。

(3)合理地安排与调整运动负荷。

(4)切忌在机体尚未完全恢复时参与下一次的训练。

七、变换训练法

变换训练法是通过变换不同的训练要素来提高运动训练者的积极性与主动性的训练方法。运动训练中,根据训练需要,可变换训练内容、方式、方法、负荷、时间、环境等。

在足球训练中,应用变换训练法时需要注意以下几个方面的要求。

(1)通过训练中的各种条件"变换",使运动员对训练产生新鲜感,激发训练的兴趣。

(2)要及时不断地变换训练要素,要保证变换的科学性与合理性,其目的都是为了促进足球运动水平的提高。

八、比赛训练法

比赛训练法是指组织实战性的比赛,以赛代练的训练方法,如训练性比赛、模拟性比赛、检查性比赛,以及邀请赛、访问赛、表演赛等。

在足球训练中,应用比赛训练法应注意以下几个方面的要求。

(1)在进行训练前,明确向运动者阐述比赛目的与规则。

(2)引导运动员正确、认真对待比赛,享受比赛过程,客观地看待比赛结果,树立良好的心态。

(3)注意与同伴之间的密切配合,恰当地处理与同伴之间的关系。

第四节　校园足球训练计划的制定

制定一个科学、合理的足球训练计划对于运动员的运动训练及比赛都具有重要的意义。校园足球训练计划的内容非常丰富,一般来说,主要包括多年训练计划、年度训练计划、阶段训练计划、周训练计划和课时训练计划等几个方面的内容。制定训练计划时要结合运动员的身体特点、运动水平和具体的训练实际进行,这样才能制定出科学、合理的训练计划。

一、多年训练计划的制定

在制定足球多年训练计划时,一定要以训练目标为依据,合理地确定多年训练计划的内容,保证训练计划的科学性与合理性。

(一)多年训练计划的内容

多年训练计划可以说是一个为完成预期目标而制定的长远总体规划,它指的是多年训练的全过程。总体上来看,一个完整的多年训练计划主要包括以下两个部分的内容。

(1)准备性部分。这一部分主要是在制定训练计划前,明确一些基本的注意事项,以为指导部分提供各种信息和资料。

(2)指导性部分。这一部分主要是通过合理地划分阶段、确定各个阶段的任务以及训练指标,从而指导训练计划的制定。

(二)多年训练计划的分类

依据不同的标准,多年训练计划有不同的分类。如,全过程多年训练计划和区间性多年训练计划就是按照时间跨度进行划分的。其中,前者是指训练的整个过程的发展与规划;后者则是指对两年以上的一个特定时间的训练过程的设计。

二、年度训练计划的制定

(一)制定年度训练计划的依据

为了保证年度训练计划的科学性,必须要在一定的依据下制定。这一科学依据主要包括两个方面:一方面是以起始状态为计划制定的出发点;另一方面是以训练目标为计划制定的根本依据。

(二)制定年度训练计划应遵循的客观规律

在制定年度训练计划时需要遵循一定的客观规律,这一客观规律主要包含以下几个方面的内容。

(1)运动员身体素质的特点和发展规律。

(2)运动训练的基本原理,如运动疲劳原理、运动负荷原理、超量恢复原理、机体适应性原理等。

(3)足球运动训练过程的多变性与可控性规律。

(4)足球训练计划的连续性与阶段性等规律。

(三)年度训练计划的分类

一般来说,足球年度训练计划主要分为三大类,制定训练计划时,要明确各个类型的要求,合理的确定。

(1)以全年为一个大训练周期的单周期训练计划,可以将其大致分为三个具体时期,即准备期、竞赛期和过渡期。

(2)全年分为两个大训练周期的双周期训练计划,主要有两个准备期、两个比赛期和一个过渡期。

(3)年度训练计划的内容有很多,在训练过程中要注意在两次比赛的间歇期保持训练水平的训练或者安排积极性休息。

(四)年度训练计划的时期划分及其训练安排

在校园足球教学中,依据学校教育的特点与实际,可以将年度训练计划分为春夏时期、秋冬时期和两个假期的训练。每一个时期都有其独特的目标和特点等。

春夏时期是指每年的 3 月~7 月,这一时期的主要任务是以发展专项身体训练水平为主,进一步完善专项技术,完整专项技术练习的频率要加大。对于学生运动员而言,其在比赛中优异成绩的取得,与其日常的训练中不断提升的自信心和战术思维能力,以及良好的竞技状态之间有着非常密切的联系。

秋冬时期的主要任务是进一步发展各方面的身体素质,改进技术。

暑假时期主要是指每年的 8 月~9 月,这一阶段的主要任务是使学生的身心从测试的压力中恢复过来,消除身心的疲劳。

寒假时期主要是指每年的 1 月~2 月,这一阶段的主要任务是为进行测试做好充分的准备。

总之,不论是哪一个时期,都要做好充分的准备,合理地安排各项运动训练内容。

三、阶段训练计划的制定

阶段训练计划又被称为中周期训练计划,这一训练计划持续的时间一般为数周至数月不等,其中大的训练周期主要是由小的训练周期所组成的,它们是大周期训练的基本构成单位。

一般的,可以将足球运动的阶段体训练计划分为以下三个阶段,即引导阶段、准备阶段和比赛结算。其中准备阶段又分为一般准备阶段、专门准备阶段和赛前准备阶段三个部分。

(一)引导阶段

引导阶段持续时间为2~3周。这一阶段在过渡期以后的年度训练之初使用,这一时期所呈现出的显著特点为训练量和强度呈逐渐上升趋势。

(二)准备阶段

1. 一般准备阶段

一般准备阶段的持续时间是4~8周。在这一阶段,要尽可能使机体机能的总体水平得到提升,同时,也要使身体素质和运动技能得到全方位的发展。

2. 专门准备阶段

专门准备阶段的持续时间为4~8周。这一阶段要大大提高专项训练水平和改进专项技术水平,训练强度上也要有所提高。

3. 赛前准备阶段

赛前准备阶段的持续时间为3~6周。通过这一阶段,能够有效实现准备阶段到比赛阶段的过渡,运动员的竞技状态会有所增强。

第四章 校园足球"学训一体化"之"训练"体系的构建

（三）比赛阶段

比赛阶段的主要任务是巩固最佳竞技状态，力争取得优异的比赛成绩。这一阶段包括的内容有很多更加详细、具体的小周期，比如，为比赛打基础的小周期、直接参加比赛的小周期和恢复训练的小周期等。这一时期的运动训练内容比较少，主要以维持良好的竞技状态为主，避免大运动量和大强度的训练。

四、周训练计划的制定

校园足球的周训练计划主要包括四个部分的内容，即基本训练周训练、赛前训练周训练、比赛周训练和恢复周训练。每一部分都有自身独特的特点和任务，需要运动员进一步地明确这些训练内容，以很好地提高自己的运动水平。

（一）基本训练周训练

在基本训练周阶段，运动员主要是通过调整运动负荷来引起新的生物适应现象，以实现提高运动竞技能力的目的。影响足球周训练计划内容结构的因素有很多，如训练目标的需要，机体的反应能力以及运动员的身体恢复状况等。

（二）赛前训练周训练

通过各种方式来提升运动员的身体机能，并使其与比赛的需求相适应；集中训练并提升运动员的竞技能力，并且使其向专项方面发展，是赛前训练周训练的主要任务所在。赛前训练周训练的主要内容也是提高训练强度，训练量适当减少。

（三）比赛周训练

运动员参加运动训练的主要目的在于获得优异的比赛成绩，而要想达到这一目的，就需要运动员做好充分的准备活动，然后进行针对性和有所侧重的训练,并进行适当调整,保证比赛的竞技状态是最佳的。比赛周训练的内容和负荷结构的特点主要有两个方面:一方面是超量恢复的集合安排,另一方面则是连续比赛周安排的特点。在安排比赛周的训练内容时一定要结合其特点进行。

(四)恢复周训练

运动员经过长时间的训练,身体难免会出现一定的运动疲劳现象,运动疲劳不利于训练效果的取得,因此需要采取必要的手段与措施尽快恢复,要努力消除运动员的身心疲劳,尽快地实现能量物质的再生,这是运动员恢复周训练的主要任务。这一阶段训练的内容安排要合理,尽可能地安排一些趣味性的游戏训练。

五、课时训练计划的制定

制定课时训练计划的主要目的在于提高运动员的竞技能力水平。这一训练计划的划分会因不同的标准而有所差别。但总体上来看,主要分为单一训练课和综合训练课两个部分的内容。

(一)单一训练课

单一训练课,主要是指对运动员的某一种能力进行加以训练和发展的训练课。这一类型的训练课主要安排在比赛期训练中,很少安排于准备期的训练。

对单一训练课进行划分,可以包括以下几个部分的内容。
(1)身体素质训练课。
(2)改进与提高足球技术水平的训练课。
(3)足球战术配合训练课。
(4)足球训练考评课以及比赛的训练课等。

(二)综合训练课

综合训练课,是指发展和提高运动员多项竞技能力的训练课。与单一训练课不同,综合训练课的任务和内容都是非常多且复杂的。但总体上来看,通常以 2～3 项最为合适,过多过少都会影响足球训练的效果和质量。

对综合素质训练课的安排,需要遵循一定的顺序原则,即先对柔韧性练习进行安排,然后安排速度或者力量练习,将耐力练习放在最后进行。按照这样的顺序来实施综合训练课,所取得的效果往往是非常理想的。另外,还要注意综合训练课多元化的内容结构,比如,发展素质与改进技术的综合课;改进技术和完善战术配合的综合课;改进不同项目技术的综合课;等等。

六、自我训练计划的制定

(一)一般训练计划的制定

自我训练计划也是足球训练计划的一个重要部分,通过自我训练计划的制定,学生运动员能很好地提升自己的综合素质,促进自身的全面发展。在制定自我训练计划时,学生运动员要对自己有一个充分的认识与了解,这一了解是客观的和真实的。学生的自身情况主要包括身体情况、学习能力、运动基础、运动负荷承受度等。只有在充分了解自身发展情况的基础上才能制定出科学有效的训练计划。这一训练计划主要包括以下几个方面的内容。

1. 基础训练阶段

在这一阶段中安排的训练的内容主要为基础性较强的内容,如基本的传接球练习、带球练习、射门练习等。这类练习内容的主要目的在于培养和提高学生的球感,夯实基本功。

2. 组合训练阶段

在这一阶段中安排的训练内容主要为组合技术练习,或者是根据基础训练阶段中出现的问题进行修正。然后将两种或两种以上的技术进行组合练习,组合的方式为足球实战中的常见组合战术套路。

3. 适当增加对抗内容

足球本就是一项对抗性十足的运动,这是足球运动本质特点决定的。为此,在训练计划的制定中一定不能忽视对抗性元素,进而将含有对抗元素的训练内容加入其中,如可以给训练增加一两名防守人或干扰人来辅助训练。这样能有效提高运动员的抗干扰能力,提升自己的竞技水平。

4. 合理安排训练时间

运动员还要学会合理地安排训练时间。一般来说,训练计划中要关注对不同类型时间的安排。例如,每周进行训练的次数、每次训练的持续时间、不同训练内容所需的时间、休息时间等。

(二)专项技能训练计划的制定

专项技能训练计划的制定要非常专业。在选择训练方法时也要格外考究,力争做到身体与技术、技术与意识、技术与战术等多方面的结合。这一训练计划主要分为以下三个阶段。

1. 准备期阶段

一般来说,准备期的时间大约有1个月左右。这个时期的训练内容主要以体能恢复和储备为主,以为接下来的比赛积累良好的体能。

2. 赛前期阶段

通常情况下,赛前训练期的时间大约持续4个月。这个时期主要以大运动量的训练为主,训练内容相对较多,但运动强度不要太大,以免造成不必要的运动损伤,影响参加比赛。

第四章 校园足球"学训一体化"之"训练"体系的构建

3. 比赛期阶段

一般来说,比赛期的时间大约有 1 个月左右。这个时期的训练主要以教学比赛和训练赛为主,以检验运动员在赛前期训练阶段的各项成果。这一时期提高运动员的自信心是非常关键的,要帮助运动员形成良好的参与比赛的心态,这样才有利于其在比赛中发挥出正常水平,从而取得优异的比赛成绩。

第五章 校园足球"学训一体化"之体能学练

所有体育运动的顺利开展,都对参与者提出了一些基本要求,具备良好的体能水平,就是其中之一。对于校园足球运动员来说,校园足球"学训一体化"的实施,也必须在其具备良好体能基础的前提下才能进行。因此,做好校园足球运动员的体能学练至关重要。本章主要对校园足球运动员的体能发展特征进行分析,在此基础上,对校园足球运动员的基本体能训练和专项体能训练加以研究和探索,为校园足球运动员打好体能基础提供科学的依据和指导,保证校园足球"学训一体化"的顺利开展。

第一节 校园足球运动员的体能发展特征

一、校园足球运动员体能的阶段性发展

通常,可以将体能的发展过程分为自然增长阶段和稳定阶段。对于不同性别的校园足球运动员来说,其各项身体素质发展的阶段性和敏感期都是不同的。比如,男子各项素质发展的高峰在 19~20 岁,23 岁后缓慢下降,呈单峰型;女子在 11~14 岁出现第一个波峰,14~17 岁趋于停滞或下降,18 岁后回升,19~25 岁出现第二次波峰,呈双峰型。由此可以得知,在不同的年龄阶段,校园足球运动员进行各种素质训练所取得的效果也有所差别。

校园足球运动员竞技能力发展的顺序特征如表 5-1、图 5-1 所示。

表 5-1 竞技能力发展的年龄阶段性

竞技能力		可训练年龄（岁）		
		可谨慎开始训练	可进行提高性训练	可进行强化训练
耐力	有氧耐力（一般）	8—12	12—16	16—18 以上
		8—12	12—16	
	无氧耐力（专项）	14—16	16—18	18—20 * 16—18 以上
		12—14	14—16	
速度	反应速度	8—12	12—16	16—18 * 16—18 以上
		8—12	12—16	
	动作速度	12—14	14—16	16—18 * 16—18 以上
		10—12	12—14	
	移动速度	12—14	14—16	16—18 * 16—18 以上
		10—12	12—14	
力量	速度力量	12—14	14—16	16—18 * 14—16 以上
		10—12	12—14	
	最大力量	14—16	16—18	18—20 * 16—18 以上
		12—14	14—16	
	力量耐力	14—16	16—18	18—20 * 16—18 以上
		12—14	14—16	

二、校园足球运动员不同体能要素的发展特征

（一）力量素质的发展特征

通常可以借助最大力量和绝对力量的指标来对力量素质进行测量。对于校园足球运动员来说，男生的力量水平与性成熟年

龄之间有着非常密切的联系,而女生的力量水平与性成熟年龄的相关程度要低一些。除此之外,握力也是作为重要的指标来衡量力量素质的,对不同年龄阶段的校园足球运动员握力测量可以发现其力量发展的特征,通过力量测试能够对校园足球运动员的力量素质增长曲线有所了解(图5-2)。

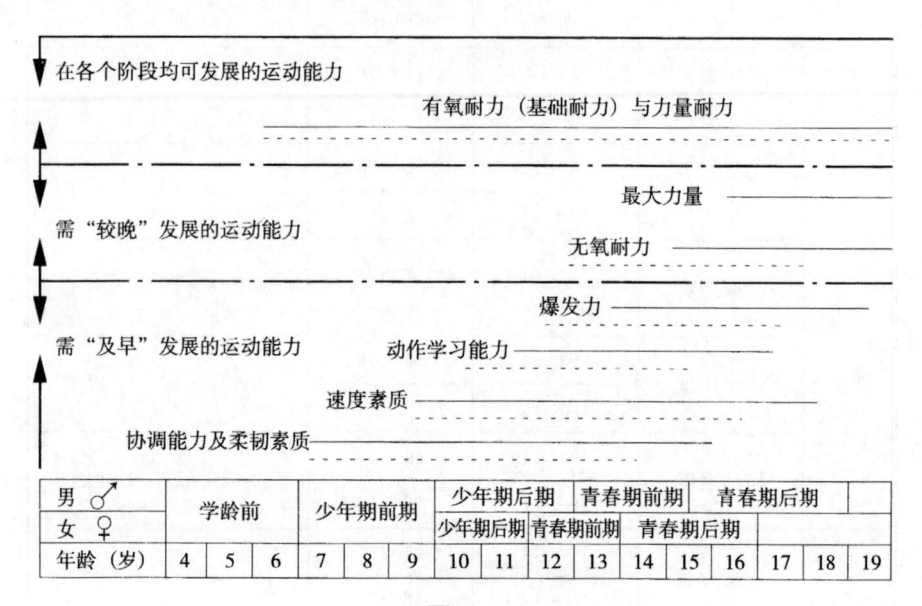

男 ♂	学龄前			少年期前期			少年期后期		青春期前期		青春期后期		
女 ♀							少年期后期		青春期前期		青春期后期		
年龄（岁）	4	5	6	7	8	9	10	11	12	13	14	15	16	17	18	19

图 5-1

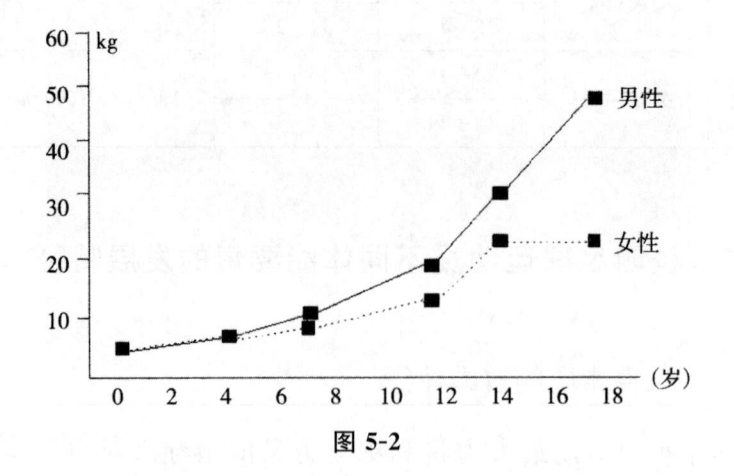

图 5-2

第五章 校园足球"学训一体化"之体能学练

爆发力是力量素质的重要形式之一,具体是指在最短时间内以最快加速度克服一定阻力的能力,立定跳远是衡量爆发力的重要指标。12岁以后,男生爆发力发展迅速,女生却呈现出下降的趋势。另外,对于校园足球运动员来说,不同性别运动员的下肢力量和上肢力量都存在显著差异性。

(二)速度素质的发展特征

校园足球运动员的速度不仅仅指狭义上的反应、处理球、启动、奔跑、冲刺和急停的快慢这些内容,还应该有更宽泛的范畴,要将比赛的判断、决策与行动的速度也归纳其中。具体来说,速度素质主要包括:观察、预判、信息处理与决策、战术行动等(图 5-3)。

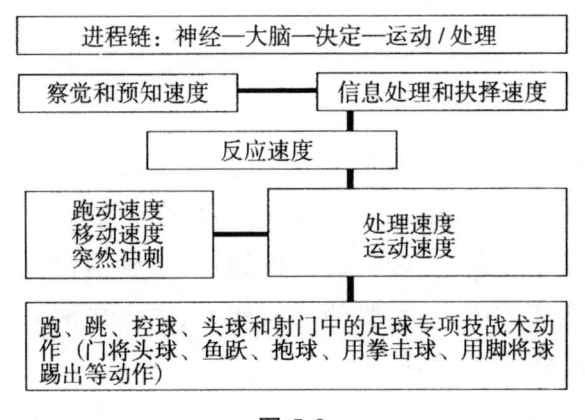

图 5-3

校园足球运动员的速度和准确性,决定了其处理方式的高效性。射门,是体现校园足球运动员速度处理效率的一个典型实例。通过卓有成效的训练,能够使校园足球运动员接受、处理信息速度及动作速度的能力得到有效提升。

(三)耐力素质的发展特征

1. 无氧耐力发展特征

当人体剧烈运动时,无氧糖酵解系统便开始参与供能。当氧供应不足以及肌肉中 ATP-CP 消耗量达到原储备量 50% 左右时,骨骼肌中的糖原开始大量分解,产生能量,并生成乳酸,这样能够迅速再合成 ATP,从而使持续运动的能力得到保证。

无氧供能能力存在着性别和年龄上的差异性(图 5-4)。

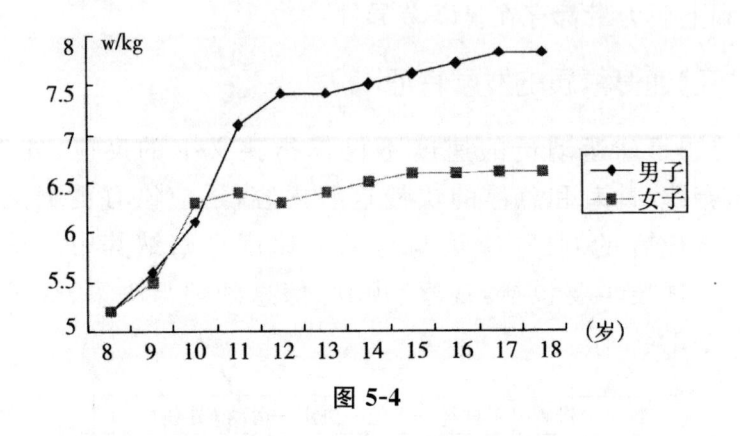

图 5-4

2. 有氧能力发展特征

有氧耐力与最大摄氧量之间的关系也是非常密切的。除年龄、性别和遗传外,还有一些因素也会对最大摄氧量产生决定性的影响,比如主要的有:肺的通气机能、氧从肺泡向血液的弥散能力、血液结合氧的能力、心脏的泵血能力、氧由血液向组织的弥散能力、组织的代谢能力等。

一般来说,校园足球运动员的最大摄氧量变化如图 5-5 所示。

(四)灵敏素质的发展特征

灵敏素质,是一种在保证不对平衡、力量、速度和身体控制造成损失的基础上而使运动方向发生改变的能力。某种意义上,灵敏素质的改善会直接影响到校园足球运动员技术动作的提高、节奏的掌控与移动的速度。

灵敏素质的提升是可以通过一定形式的训练实现的。通过长期的科学训练,校园足球运动员良好的个人攻防技巧会逐渐形成。此外,良好的灵敏素质,能够使训练过程中的运动损伤得到

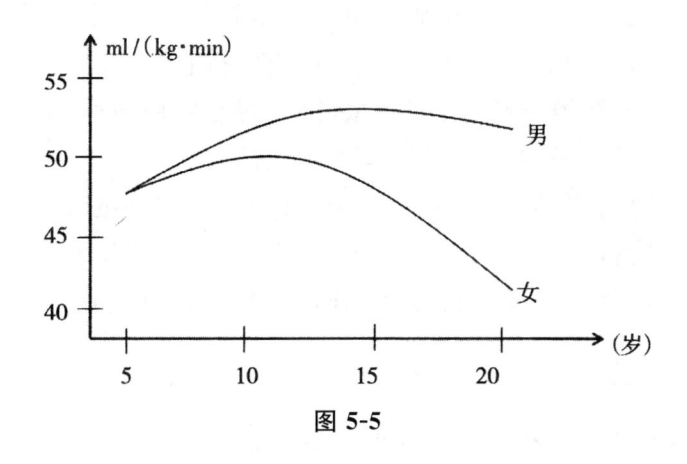

有效避免,肌肉工作效率会有所提升。

图 5-5

相较于力量、速度、耐力素质训练来说,灵敏素质训练灵敏素质的训练效益可以长时间保持,而不需要不断巩固,这是其特有的特点之一。

通常来说,校园足球运动员灵敏素质的训练包含的内容主要有四个方面,即平衡、协调、程序化灵敏、随机灵敏,每一个要素都会涉及到速度、力量、时机和节奏等方面内容,可以说,其是多项素质相互作用的一种综合体现。

第二节 校园足球运动员的基本体能训练

一、校园足球运动员的基本力量训练

(1)肩负重物提踵。
(2)保持上体静止,负重向前和向上伸。
(3)负重向后上屈腿。
(4)将沙袋等固定在腿部较低的位置,由地面向上举起。
(5)俯卧于板凳上,腿部固定,负重物(重物及沙袋)于头后

部,保持上体至水平位置。

(6)两腿举离地面,双腿弯曲。重物放于头后,上体抬起。

(7)坐在板凳上,拉杆到颈下,背应保持直立。

(8)胸部肌群训练:肘部轻微弯曲,将哑铃由体前移至背后。

(9)双臂举哑铃至水平位置然后慢慢放下。

(10)背对墙站立,手掌向上,握重物举到胸部然后慢慢放下。

负荷安排:每一组的训练和休息时间大约控制在1分钟内,每一部分的练习时间将持续20分钟。整个计划将用1个小时左右完成。

二、校园足球运动员的基本速度训练

(一)速度力量训练

1. 增加肌肉横断面积的训练方法

强度:最大力量的60%～85%。
每组练习动作重复次数:6～20次。
每个肌群练习次数:5～6组。
每组练习休息时间:2～3分钟。
速度:由慢到快,迅速均匀。

2. 增强神经肌肉活性的训练方法

强度:最大力量的90%～100%。
每组练习动作重复次数:1～3次。
每个肌群练习次数:3～6组。
每组练习休息时间:6分钟。
速度:爆发性的。

3. 动作速度训练

强度:100%。
每组练习动作重复次数:10～12次。

每重复一次后休息时间:6秒。
每个肌群练习次数:3~5次。
每组练习休息时间:10分钟。
速度:爆发性的。

(二)神经肌肉活性训练

首先将一个最大力量确定下来。采用90%~100%的负荷强度。再将相应的重量和重复次数确定下来。注意训练强度要与校园足球运动员的极限相接近。爆发性力量投入。负重大时,运动速度较慢,尽管如此也应努力增强动作的爆发性。重复1~3次后,至少休息6分钟。练习3~6组。

(三)反应训练(以障碍跳为例)

障碍跳练习由20~30厘米障碍物的低跳和尽可能快的高跳组成。在训练过程中,要求动作必须具有爆发性,校园足球运动员必须尽快完成高跳。需要注意每次障碍跳练习之后需休息6秒钟,每组练习之后至少需要休息10分钟。这是神经元恢复必需的时间。10~12次障碍跳为一组,练习3~5组。

三、校园足球运动员基本耐力训练

(一)肌肉耐力训练方法

1. 连续半蹲跑

以半蹲姿势开始,接着向前跑进,距离控制在50~70米,在速度上没有具体要求和规定,走回要以放松的状态进行。

2. 连续深蹲跳

以分腿站立的姿势开始,连续做原地深蹲跳起或在草地上向前深蹲跳。要求在双脚落地之后即刻跳起。

3. 长距离多级跳

多级跳的动作要在跑道上完成,每组跳动的距离为 80～100 米,跳动的次数约为 30～40 次,总共跳 3～5 组,组间歇 5 分钟。要想加大训练的强度,可以对完成时间加以规定,同时组间休息时间要进行相应调整。

4. 水中支撑高抬腿

在 40～50 厘米深的浅水池中,两手扶池壁前倾支撑做高抬腿练习,每组 50 次。

(二)有氧耐力训练方法

1. 定时跑

训练场地可以选在专用场地上,也可以选在公路或树林中,跑动的时间可以定为 10～20 分钟甚至更长。

2. 水中快走或大步走

训练选择的场地为深 30～40 厘米的浅水池,在池水中做快速走或大步走练习,每组走的距离为 200～300 米或 100～150 步,训练组数为 4～5 组为好。

3. 法特莱克跑

场地、田野、公路都可以作为训练场地,运动的形式可以是自由变速的越野跑也可以是越野性游戏。以在公园、树林中进行为好,训练的时间控制在 30 分钟左右,适应之后,时间可以进一步拉长。

四、校园足球运动员基本柔韧训练

(一)腿部柔韧性训练方法

(1)压腿。一腿站立,另一腿则放在具有一定高度的物体上,然后做正压(勾脚)、侧压、后压的动作。

(2)踢腿。原地扶把杆或行进,做正踢(勾脚)、侧踢、后踢的动作。

(3)摆腿。主要做向内、向外摆腿的动作。

(4)左右劈腿。训练者在垫子上采用仰卧位,可以采用屈腿或直腿的方式,在同伴扶腿的帮助下不断做下压的动作。

(二)手指手腕柔韧性训练方法

(1)反复多次进行握拳、伸展的练习。

(2)用左手掌心压右手四指,连续推压。

(3)两手五指交叉直臂头上翻腕,掌心朝上。

(4)左、右手指交替抓下落的棒球(或小铅球)。

(5)两手五指相触用力内压,使指根与手掌背向成直角或小于直角。

(三)腰腹部柔韧性训练方法

(1)向后甩腰练习。

(2)弓箭步转腰压腿。

(3)站在一定高度上作体前屈,手触地面。

(4)两脚前后开立,向左后转,向右后转,来回转腰。

(5)后桥练习,逐渐缩小手与脚距。

(6)双人背向,双手头上握或互挽臂互相背。

(四)肩关节柔韧性训练方法

1. 压肩

训练一:手扶一定高度,进行体前屈压肩的动作训练。

训练二:面向墙站立,脚与墙的距离为一脚,手、大小臂、胸触墙压肩。

训练三:双人相对站立,手扶对方肩,同时做体前屈直臂压肩的动作。

(2)拉肩

训练一:背对肋木坐,双手头上握肋木,以脚为支点,挺胸腹前拉起成反弓形。

训练二:侧向肋木,一手上握一手下握肋木向侧拉。

(3)转肩

用木棍、绳或橡皮筋作直臂向前、向后的转肩。

(4)吊肩

训练一:杠悬垂或加转体。

训练二:单杠负重静力悬垂。

(五)胸部柔韧性训练方法

(1)面对墙站立,脚与墙之间的距离为一臂左右,两臂上举扶墙,抬头挺胸,做压胸的动作。

(2)虎伸腰。跪立,手臂向前放在地下,胸向下压。要求主动伸臂,挺胸下压。

(3)俯卧背屈伸。练习者腿部不动,积极抬上体、挺胸。

五、校园足球运动员基本灵敏训练

(1)脚步连续做各种前后、左右、交叉的快速移动动作。

(2)在原地、行进间或跑步等不同的状态下,进行听口令做动作的训练。

(3)可以做左右侧滑步、跨跳步的移动动作。

(4)一对一背向互挽臂蹲跳进、跳转。

(5)先将球向上抛起,然后做转体2周、3周的动作,再去将抛起的球接住。

(6)双人练习,两人相对站立,双手直臂相触,虚实结合相互推,使对方失去平衡。

(7)双人练习,两人以弓箭步的姿势牵手互换面向站立,虚实结合互推互拉使对方失去平衡。

(8)闭目原地连续转5~8周,然后闭目沿直线走10步,再睁眼,以观察自己走的方向是否准确。

(9)双人前滚翻。一人仰卧,另一人分腿站在仰卧人的头两侧,双方互握对方两脚踝,然后做连续的双人前滚翻或后滚翻的动作。

第三节 校园足球运动员的专项体能训练

一、校园足球运动员的专项力量训练

(一)跳跃训练

训练一:从一个箱子上跳下,然后立即跳起。

训练二:以双腿或单腿的形式,从一个板凳或体操箱上跳下,落地后快速跳到另一个板凳上。要求落地起跳时间要尽量短。

训练三:从30~40厘米高的板凳上跳到地面,立即垂直跳起,头部触及悬挂的球。要求落地起跳时间要尽量短。

(二)障碍跳

以连续动作跳过障碍(不超过4个)。训练开始前,训练者双

脚并拢站在第一个障碍前,采用双腿一起跳或者单腿交换跳的形式进行训练。

(三)羚羊跳

连续三步助跑用一条腿起跳,然后用连续三步助跑用另一条腿起跳。循环往复进行多次训练。

(四)守门员的专项力量训练

1. 跳跃力量训练

开始为静止状态。将球抛到守门员头上,要求守门员必须爆发性地跳起,接到球。排球的方位可以是守门员身边、身前或者身后的任意方位。同时也要求守门员必须短距离冲刺跑后跳起得到球。

2. 接球力量训练

守门员从近距离(8～10米)或者更靠近身体的位置接射门(或反弹球射门),这就对守门员的接球技术和上肢力量有较高的要求。为了提升其接球能力,应该给他不同速度的射门训练。

3. 扑救力量训练

开始姿势可以是静止的,也可以是活动的,守门员扑救逐渐远离他身体的来球,尽量以倒地的姿势扑球。

4. 拳击球力量训练

首先进行静止状态下击球的训练,然后逐渐过渡到运动状态下击球的训练。

5. 踢球力量训练

(1)从地面上直接踢

当守门员得到回传球或者是一个长距离传球后,需要他将在地面上处于运动状态的球踢给远处的同队队员。一开始可以用相当简单的方式练习,守门员将球踢给教练,教练将球踢还给他,以便他能将球踢给另外一个球门的守门员,其他守门员重复这样的练习。

(2)抛踢球

设3个球门守门员必须将球踢到3个球门中的一个,而且必须在踢球之前声明他的目标。逐渐将球门移动得更远,迫使守门员踢球更远、更精确,以提高他的踢球力量。当守门员能在目前的距离准确地抛踢球后,球门就可以向后移动。

6. 掷球力量

守门员掷球到3个球门中的一个,球门逐渐向远移动,这迫使守门员要用更大的力量掷球。为了提高准确性,也可以用锥形物代替球门,守门员必须尽力击中锥形物。在训练的后一个阶段,必须完全击中锥形物,球在落于锥形物之前不能反弹,因为反弹球对队友来说较难控制。

二、校园足球运动员的专项速度训练

(一)冲刺射门

两名队员站在一个传球人前面。传球人向球门方向踢球。在球被踢出后运动员立即开始冲刺,先获得球的队员尽力射门得分(图5-6)。

(二)控球比赛

开始时,在小圈中的所有队员控球。队员在小圈里面运球并且尽力将其他队员控制的球踢出这个区域。当球被踢出小圈时,控制该球的队员必须在球滚出外面的大圈前将球控制。然后回到小圈中继续运球(图5-7)。如果球出了外面的大圈,控制该球的队员得到一个负分,而将球踢出去的队员得到一分。在一定时间后得分最高的队员获得胜利。

图 5-6

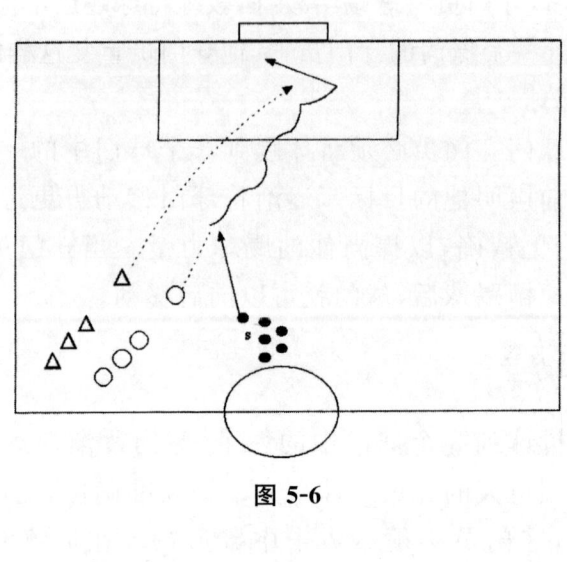

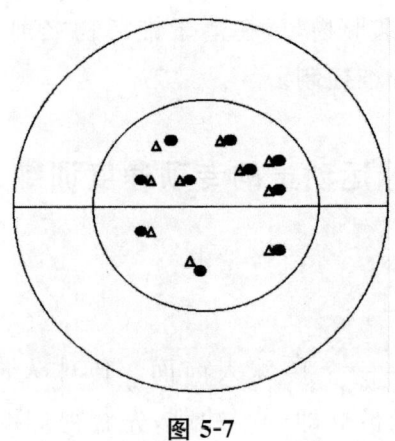

图 5-7

(三)攻守对抗

每组中的 3 名队员为中立队员,他们不能离开中场区域。剩余的 6 名队员为冲刺队员。一定时间后,3 名中立队员与同队中的 3 名冲刺队员交换。(图 5-8)比赛由两个小比赛组成。守门员必须在罚球区里面。

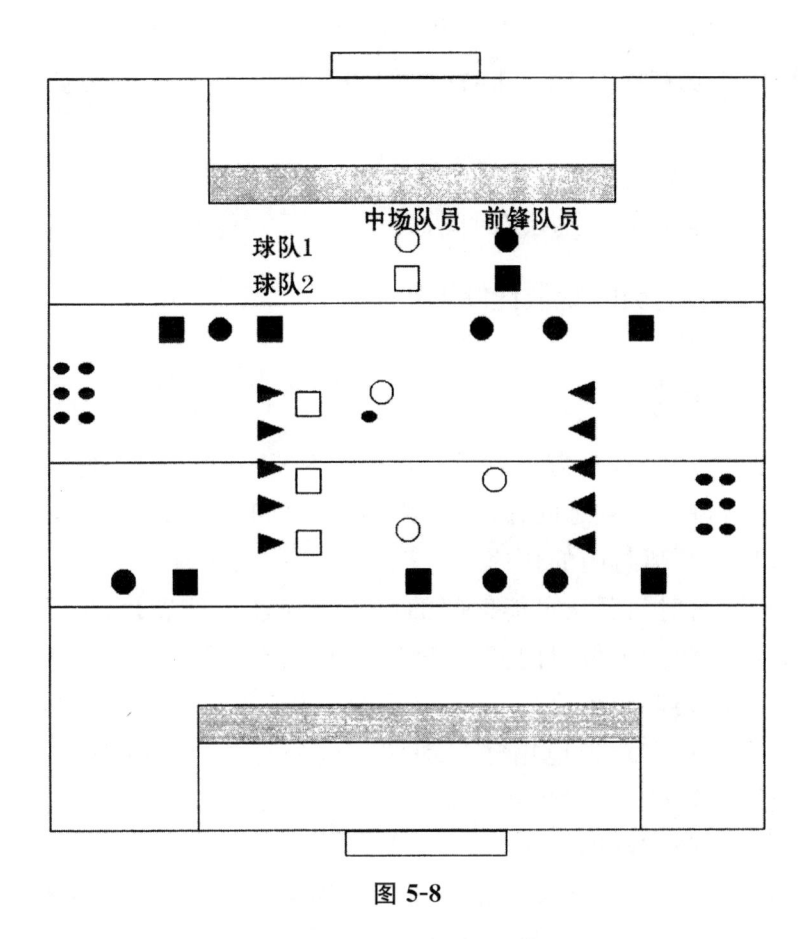

第五章 校园足球"学训一体化"之体能学练

图 5-8

比赛 1：双方中立队员在中场区域使用一个球进行 3 对 3 比赛（冲刺队员不参与），他们各进攻和防守一排标志物。当一队将对方的一个标志踢倒时，就将本队的标志物放到对方的标志点上。

比赛 2：比赛 1 中的一个中立队员可在任何时候将球传向中场区域外的一个球门，一名冲刺队员（同队）追球并尽力射门得分。冲刺队员只有在球进入阴影区域内才能得分。另一支球队中队员在球一旦出了中场区域后也可以试图获得控球权，如果成功这个队员能够没有任何限制的进行得分。每次只允许同队中的一名球员争夺传出中场区域的球。

在比赛 1 中,球一旦传出中场区域,对方球队中的一名队员可以拿放在每对标志物后面的球(由冲刺队员),比赛继续进行。

在小比赛 1 中,踢倒一个标志得 1 分,而在小比赛 2 中射门成功一次得 3 分。在规定时间内得分最高的一队获胜。

(四)守门员的专项速度训练

1. 反应速度

强度:100%,全力投入;重复次数:8~10 次;重复组数:2~4 组;休息:每次重复之间休息 20 秒,每组之间休息 2~3 分钟。

(1)近距离射门的快速反应训练

近距离射门要从可能射门的位置快速连续地进行,也可以用小门,以便使大多数射门都在守门员身体范围之内。如果用正规的大门,球要调整到离守门员较远的距离,守门员要不停地改变自己的姿势,有意识地用守门动作反应处理球,由守门员教练或者其他队员踢定位球或者活动球。

(2)反应速度训练

在球门区和罚球区之间距球门不同距离处放置 4 个斜板;教练员开出低球,球经过斜板变成半高球;守门员应该迅速反应,接住球或使球变向。

2. 起动速度

强度:100%,从静止开始;重复次数:4~6 次;重复组数:2~4 组;休息:每次重复之间休息 30 秒。每组间休息 4~6 分钟。

(1)向前的起动速度

一名球员向前运球向前,守门员上前冲刺封堵角度,当队员射门时,守门员必须随时改变准备姿势。前锋可以从左、右或者中路推进,可以在每次射门之后对守门员进行逼抢。

(2)扑球后重新选择位置

守门员在扑救一次射门后迅速重新选位,改变准备姿势去扑救下一次射门。第二次射门可能从左边、右边或者从中路。

3. 加速跑

持续时间:2~6秒;强度:100%;重复次数:3~4次;重复组数:1~2组;休息:每次重复之间休息1~2分钟,每组之间休息4分钟。

(1)拦截/处理前长传球

守门员必须从球门区冲到罚球区外(15~20米)处理踢向他的长传球,这可能是一个长传球或是一个踢失误的回传球。练习在一个长传球后重新进入比赛,守门员必须在处理长传球后将球放在球门区内。

(2)处理罚球区外的吊射

守门员冲到罚球区外,处理1~2个由教练踢的球然后冲刺跑到门前处理吊射。

(3)从罚球区外处理吊射

守门员在罚球区外,其他队员在远处吊射,守门员必须尽力阻止得分。

4. 反复短距离冲刺跑

强度:100%;重复次数:4~6次;重复组数:2~4组;休息时间每次重复之间休息10秒,每组之间休息4~6分钟。

守门员网球:需要两个区,每个区内各有一名守门员,一个守门员踢(反弹球或凌空球)或扔球到对方的区去,如果球在对方的区内落地,则得1分,因此另一名守门员必须在各个方向上不停地短距离冲刺跑,运用各种守门动作去阻止球落到本区内。

三、校园足球运动员的专项耐力训练

(一)有氧耐力训练

1. 恢复性训练

(1)有球循环练习

在半个足球场上,每两名运动员一组,每组可在任何一个障碍物处持球。各组同时开始(图5-9)。每组的球员要协同工作,必须轮换触球。遇到障碍物时,两人传球过障碍物。过障碍物的时候有两种方法:①四组4个标志桶:球从按图所示路线从两个标志物中间穿过。②二组4个标志杆:曲线运球通过标志杆。教练员规定完成一圈的时间。球员必须尽自己最大努力以最接近的时间完成。在练习中,不能给球员任何关于完成时间的提示。完成时间最接近的组就是胜者。

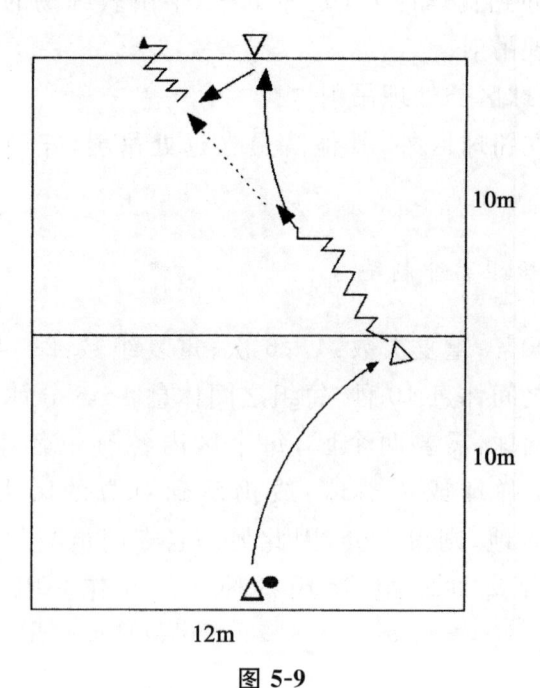

图 5-9

第五章　校园足球"学训一体化"之体能学练

(2)恢复性有氧训练

在半个足球场上。A队员给B队员传球,然后向斜前方跑动,接B队员的传球后传给C队员。队员C拿球后沿边路运球,下底后传球给守门员。然后,横向跑动接守门员的传球,运球到A队员处(图5-10)。

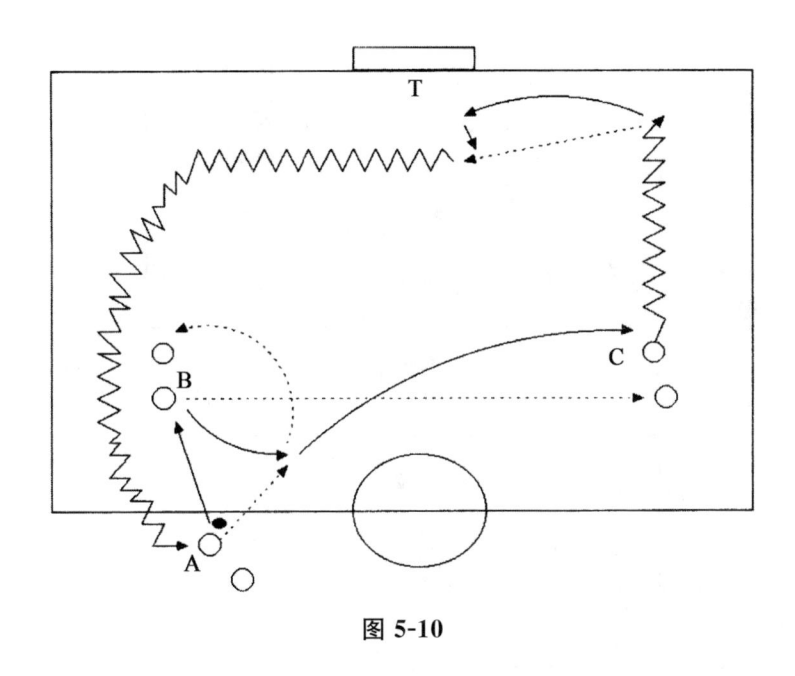

图 5-10

2. 低强度有氧练习

(1)在半个足球场上。5V5。每队防守一横排标志物。每两个标志物之间至少有1米,而且在每个队各自的半场摆放成一条直线。当控球时,控球队就要试图打翻对手的标志物。一个队成功后,把对手的标志物摆好,再取一个本方的的标志物放在对方的标志线上(打翻对方标志物的队员来完成这项工作,而其他的运动员则继续进行比赛)(图5-11)。在规定的时间内,标志物最少的一支队获胜。

(2)在半个足球场上。7V7。每一队有一个球。每一队必须保证本方的控球权,同时试图截下对方的球(图5-12)。如果一方将球踢出了场地范围,控球权就要交给对方(得1分,见记分)。当一个队同时控制两个球时,这个队就得1分。然后将球交给对方,重新开始比赛。在给定的时间内,得分最多的队就获得比赛的胜利。

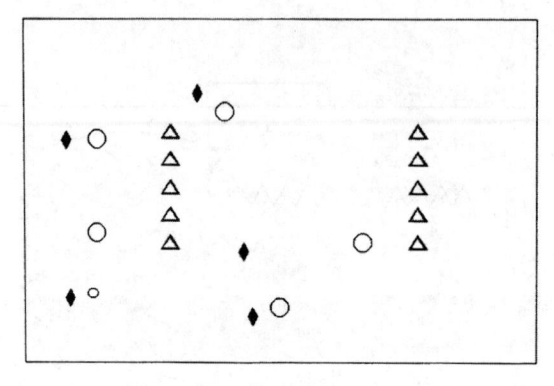

图 5-11

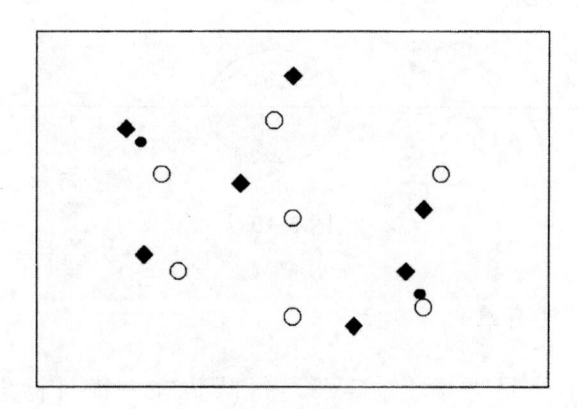

图 5-12

3. 高强度有氧训练

(1)固定时间间隔训练

训练一:B快速从O处回跑接A的长传球后,转身快速向C运球,与C做二过一配合。向C传球后全速跑接C的回传球。然后,运球到底线。要求3名队员传球要准确到位。使练习能连贯流畅(图5-13)。训练时间控制在45~60秒。强度:90%~100%。

重复次数:6~8次。间歇:4~5分钟。

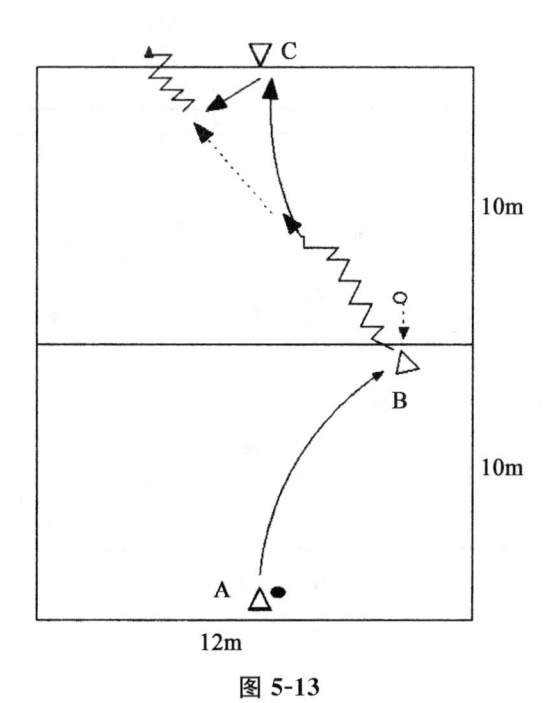

图 5-13

训练二:场地:半个足球场,场地内有四个独立的区域。运动员的人数:5对5(3对3~8对8)。组织:2个队,1个球。每个队各有一个得分区域(A区和B区)。球员从本方的得分区域开球,并要带球进入对方得分区域。进入对方得分区域得1分。如果对方得到控球权,那么运动员就要带球回到本方得分区域,再进行下一次进攻。(图5-14)在规定时间内,把球放在对方区域内最多的队为胜队。

(2)改变规则训练

每个外区都有1名运动员,其他运动员都在中区内。(图5-15)每个队必须将球从外区(1)通过与队员的配合传递转移到另一个外区(3)。每名外区球员最多允许2次触球,如果外区队员触球超过2次,或者球出界,另外一队就获得控球权。如果一方将球从外区①转移到外面③,然后又从③转移回原来的外区①没有被抢断,那么这个队就得1分。得分后,得分一方可以继续进行,这时只要将球转移到另一个外区,即可再次得分。依此类推。

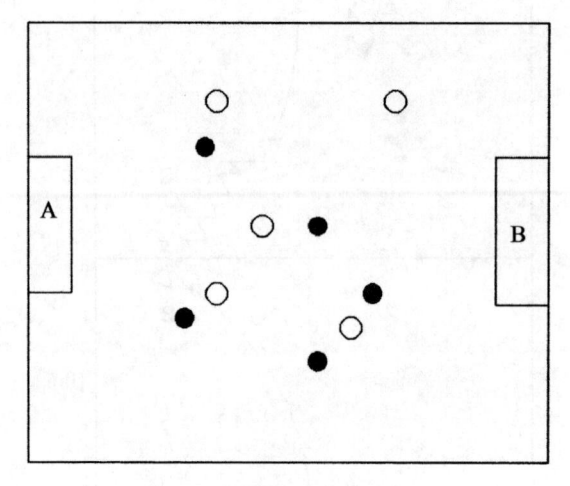

图 5-14

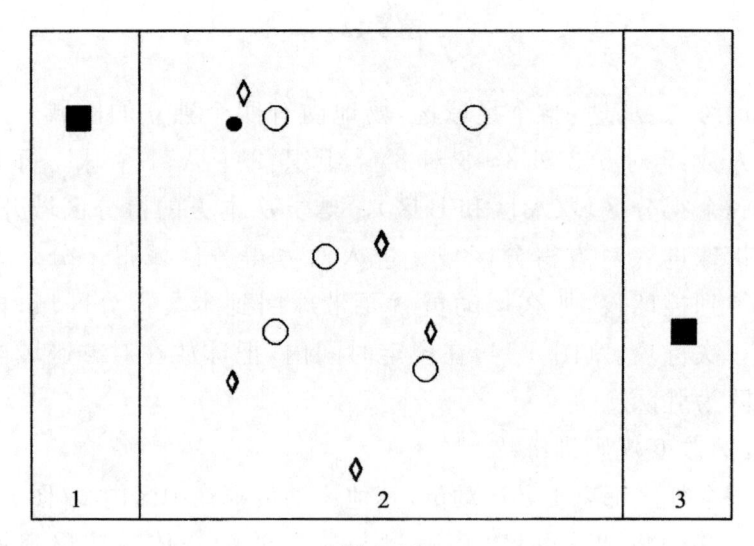

图 5-15

4. 无球高强度有氧练习

(1)在一条球门线的两侧大约 5 米处各划一条线,球员依据跑动能力分为 3 组。跑动能力最好的一组跑最长的距离,跑动能力最弱的一组跑最短的距离,其余的队员从球门线开始,跑中等距离(图 5-16)。所有队员分别从 3 条线开始,以给定的速度跑向对面的球门线。在规定的休息时间之后,再跑回起始点。可以用信号(比如口哨)提示运动员什么时候必须到达对面的底线。

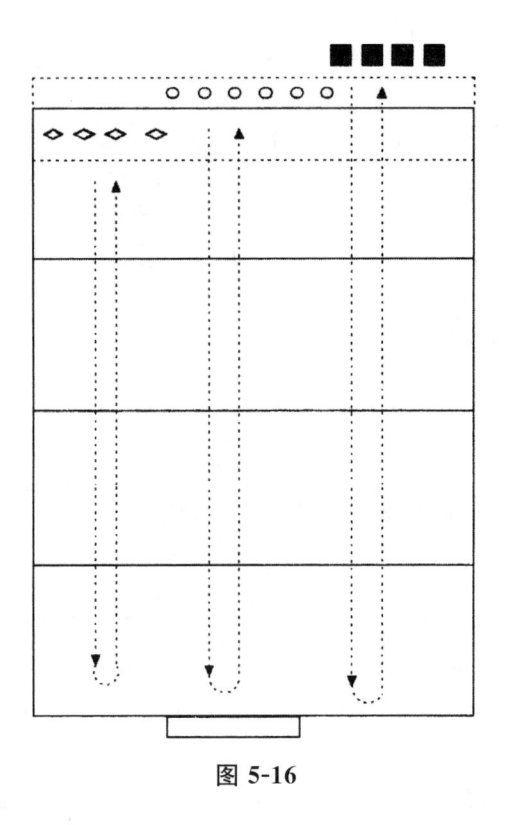

图 5-16

(2)每对运动员由一名跑动能力强和不强的队员组成。在教练员提示后,每对中的一名球员穿着标志衫,顺时针围绕场地跑。另外一名运动员围绕场地慢跑或走。交换标志衫后,运动员才能互相转换角色(图 5-17)。在规定时间内完成最多圈数的一对队员获胜。只计算穿标志衫运动员的距离。

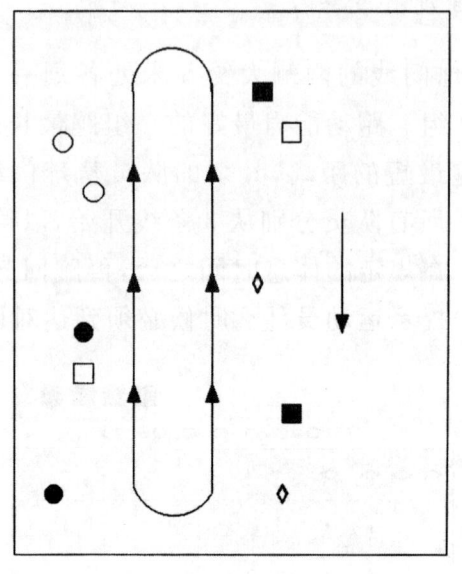

图 5-17

(二)无氧耐力训练

1. 专项速度耐力训练

在带有一个标准球门的 1/4 足球场。

训练一。每队由 2×2 队员组成,轮流进行练习。两支球队进攻一个球门。比赛由一个传球人将球传进比赛区域表示进攻开始。如果一队进攻被守门员获得球或球被踢出比赛区域而失去控球权,传球人将下一球传给另一支球队。射门得分后,得分的球队继续从传球人那里得到球权(图 5-18)。

训练二:每队有 2×2 队员轮流进行练习。每队同时进攻和防守两个球门,在场地中间另设一个中立的球门。同一般的足球比赛。在一次射门得分后获得球的球队继续进攻,但是下一次进攻和射门得分必须在另一个球门(图 5-19)。

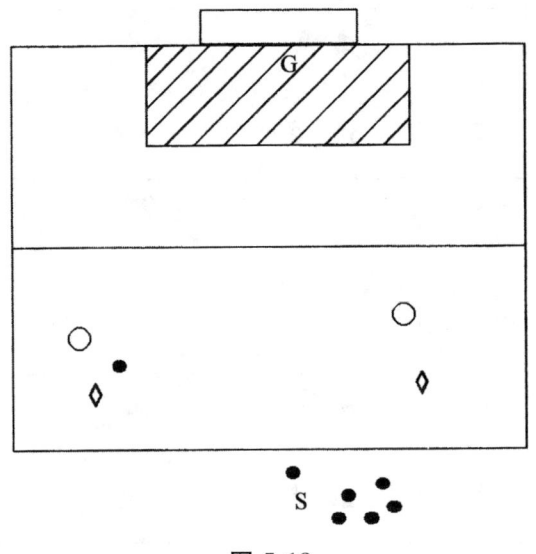

图 5-18

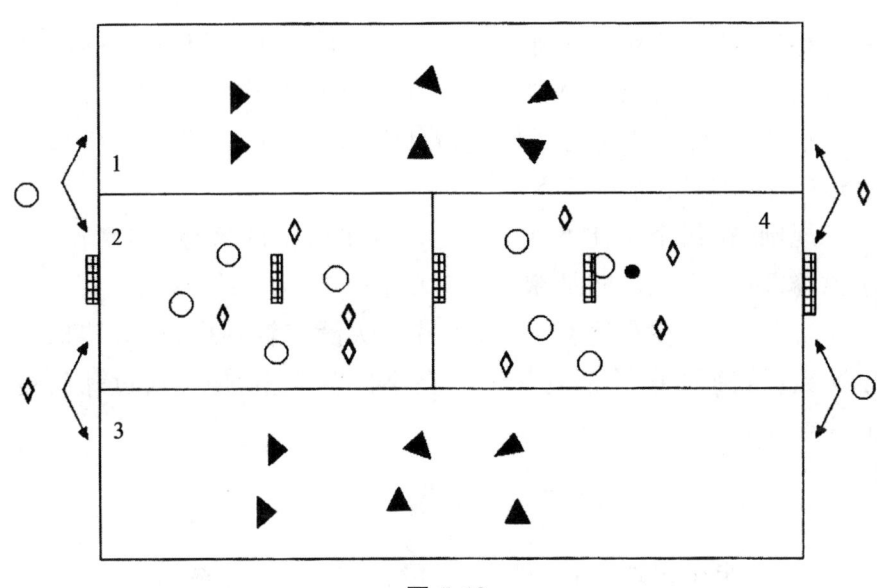

图 5-19

训练三:每支球队中的 4 个队员站在两个中间区域的一个场地中。比赛由两个小场比赛组成并从小场比赛 1 开始练习。教练员发出信号后,队员按照图 5-20 中箭头和标志的指示交替进行两个小场比赛。比赛由两个小比赛组成。

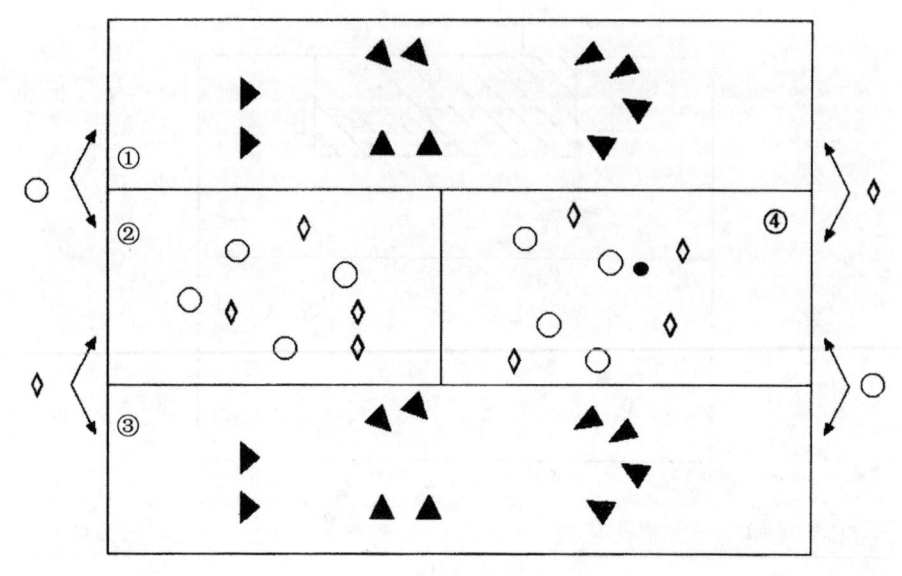

图 5-20

小比赛 1:队员在中间的两个区域中用一个球门进行 8V8(每个区域 4V4)。每支球队必须竭尽全力保持本队的控球权。

小比赛 2:在外面的区域进行 4V4(①和③)。队员要将球传过球门(标志)给同伴。

规则:在每个小比赛中,队员必须在指定的区域内进行。在小比赛 2 中,不允许队员跑过小球门。

得分方法:在小比赛 1 中,在另一队没有触到球,连续传球一定次数后,例如 10 次后得 1 分。在小比赛 2 中,传球通过球门被同伴控制得 1 分。

2. 无球情况下的无氧耐力训练

场区:半个足球场;队员人数:没有限制。一个队由 3~4 个队员组成;组织:在场内放置标志,每个球队从两个标志间开始练习。每个队员跑动并带一个接力物(例如,背心)。发出信号后,第一个队员沿图示的路线返回起点,将所接力物传给同伴,重复进行跑动。这种练习一直持续到每个队员都进行一定数量的跑动,例如每个队员跑 3 次(图 5-21)。最先完成规定数量跑动距离的球队获胜。

图 5-21

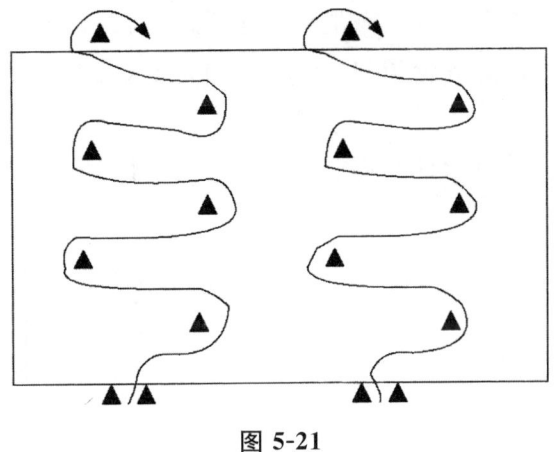

3. 速度耐力训练

(1)一个传球人(S),一个进行速度耐力训练的运动员(SE),至少两个球。队员轮流进行练习。传球人向外面圆圈的区域传球。进行速度耐力训练的运动员尽力阻止球滚出外面的圆圈。控球后,进行速度耐力训练的运动员以最快的速度运球回到小圆圈里。当进行速度耐力训练的运动员一回到圈里,传球人就以最快的速度传另一个球(图 5-22)。根据运动员阻止滚到圈外的球的数量计分。

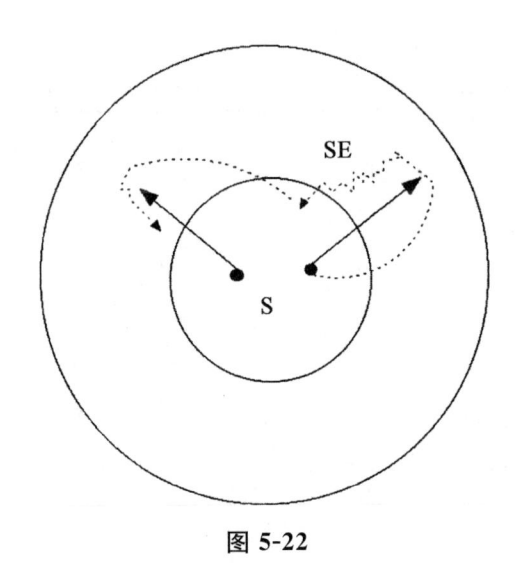

图 5-22

(2)一个传球人,一个进行速度耐力训练的运动员,一个标志和几个球,运动员轮流进行练习。传球人传球给练习者,练习者完成射门。在进行下一次射门前绕标志物跑动,然后再射门(图5-23)。按规定时间内射门得分的数量计分。

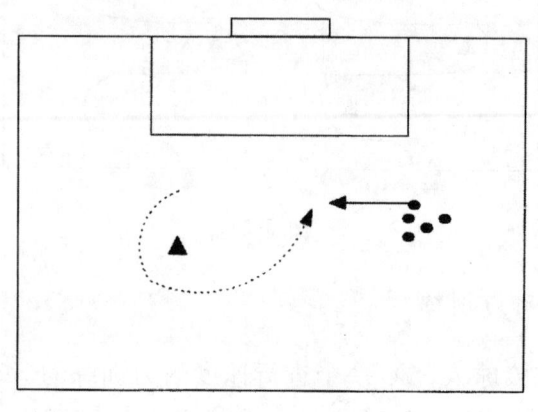

图 5-23

(3)许多球分散在场地周围。比赛由两个小场比赛组成,从小场比赛1开始。在给定信号后队员们交换两个比赛。在小比赛2之后,必须将球重新分散在比赛场地周围。比赛由两个小比赛组成(图5-24)。

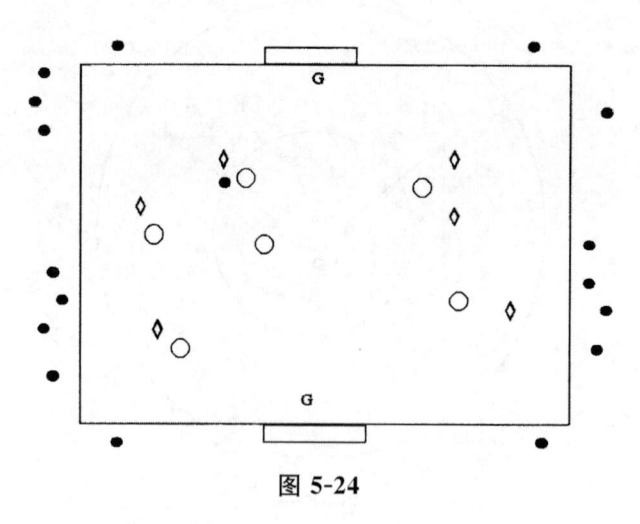

图 5-24

小比赛1:射门得分。

小比赛2:所有的球都可以使用。队员应该在规定的时间内使用分散在比赛场地周围的球尽可能多的射门(如果射门得分,球应该放在球门里直到比赛结束)。每个球队也应该尽力阻止对方射门。

得分方法:在小比赛1中,一次射门得分计5分,小比赛2中,一次射门得分计1分。

(4)两个标志放在两个球门后,两个标志放在中线和边线的连接处。在每个标志处每队有一个队员,多出的队员在起点处。接到信号后,起点处的队员顺时针方向跑动,带一个接力物(例如,背心等),在下一个标志处将接力物传给同伴(图5-25)。第一个完成规定组数的球队获胜。

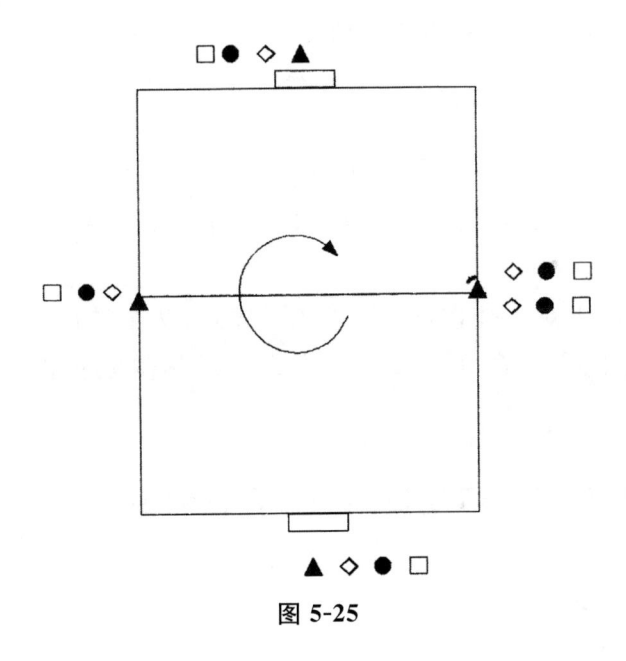

图 5-25

(三)守门员的非周期性无氧耐力训练

1. 长时间重复训练

持续时间:30～90分钟;强度:最大强度;重复次数:无;重复

组数:无。

任何在场地上 30~90 分钟的小型比赛都是对守门员长时间的重复训练,比赛中频繁的攻防转换,要求守门员必须积极的参与,在做氧运动的过程中,进行各种无氧运动。

2. 连续集中训练

持续时间:30~40 分钟(5×6~5×8 分钟);强度:心率 160~180 次/分;重复次数:5 次;休息:每组重复之间休息 5 分钟。

这种类型的训练在小足球场上进行,两个球门之间的距离较短(30~50 米),对守门员来讲强度是比较大的,要求较多。训练中运动员的心率较高。比赛中没有角球,总是以守门员开球代替角球来开始比赛,在每一个球门附近要放置更多的球,使比赛基本上不会中断,以保持训练的高强度。

3. 高强度间歇训练

持续时间:30~60 秒;强度:心率 170~180 次/分;重复次数:每组不超过 8 次;组数:3~5 次;休息:每次重复休息 45~90 秒,每组休息 4~6 分;

守门员 1 对 1 处理球并射门(实战)。两个球门距离 20~30 米,每个球门有一个守门员。每个守门员尽量阻止得分,然后踢或掷球。

四、校园足球运动员的专项柔韧训练

(一)肩臂拉伸

1. 双臂和肩部伸展练习

保持身体直立或坐立姿势,在身体周围留出足够练习空间。双臂向上伸展,一只手握紧另一支手臂的肘部。肘部慢慢侧拉。保持该姿势 10 秒钟。

2. 被动性伸展练习

臀部与肩部伸展练习。用膝盖顶住坐在地上的同伴背部,向前推动背部,然后顶住腰部后拉。

(二)躯干拉伸

1. 体侧伸展练习

保持身体直立姿势,两脚之间的距离略比肩宽。一只手臂上举并自然弯曲,另一只手臂自然下垂。腰部向两侧弯曲,保持身体的伸展姿势。身体向一侧弯曲,保持10秒钟,放松,再向另一侧弯曲。重复2次。

2. 躯干和体侧旋转

球员成仰卧姿势,一条腿和另一条腿形成直角,双臂越过头部向外伸展,背部平直。同伴直接对球员腿部、肩膀侧面、前臂施加作用力。

(三)臀腿拉伸

1. 股四头肌伸展

一条腿支撑站直,另外一条腿举起放于横木上,用同侧手抱住举起的同侧脚。上体保持正直、积极前倾下压。保持伸展姿势10秒钟,放松,换另外一条腿。重复2次。

2. 大腿伸展

进行伸展练习的球员,双手抓紧腰部以上高度的固定物体,上体前倾(同铅球选手开始投掷的姿势),并向后举起一条腿成"T"字形。施加作用力的同伴抓住膝关节,并慢慢地举起,同时另一只手放在同伴的背部。

五、足球专项灵敏素质训练方法

(1)用身体各个部位进行相应的颠球训练。

(2)进行带球过杆训练。

(3)进行各种形式的挑反弹球训练。

(4)将球踢向身后,然后迅速向前绕过所设定的障碍,然后折回接反弹球的训练。

(5)距墙约 10 米远,利用两个球,快速、连续地向对墙踢。

(6)做带球跑训练,并在运球的过程中加入各种动作,比如,颠耍、虚晃、起动、拨挑、回扣等。

(7)冲撞躲闪。2 人一组进行训练,一人在慢跑中试图冲撞另一人,对另一人则尽可能躲闪。

第六章　校园足球"学训一体化"之心智学练

心理与智能是运动员所必须具备的两个非常重要的能力，只有具备了出色的心理与智能，才能为运动员参加训练和比赛提供良好的保障。由此可见，运动员的"心智"训练至关重要。本章就重点阐述校园足球运动员心理与智能训练的相关理论与方法，为校园足球后备人才的心理与发展奠定良好的基础。

第一节　校园足球运动员的心理发展特征

校园足球运动员是我国足球运动的重要后备人才，因此加强其培养和培训至关重要。在研究校园足球运动员如何进行培养与培训前，先探讨一下运动员的心理发展特征。

一、校园足球运动员注意的发展

注意是心理活动对一定对象的指向与集中，是进行信息加工和认知活动的条件与保证。一般来说，注意不仅包括对目标的指向，还包括对分心信息的抑制，即注意具有促进和抑制两种功能。

对于校园足球运动员而言，他们正处于青春发育的时期，其注意的发展特征主要表现在以下几个方面。

（1）从以无意注意为主向以有意注意为主过渡。
（2）抑制分心的能力有很大提高，更能将注意力集中到目标事物上。

（3）注意品质不断改善，表现为注意的稳定性不断增强，在运动员青春发育的中晚期，其注意水平与成年人相比已相差无异。

（4）引起无意注意的原因由以外部为主转变为以内部为主。有意注意逐渐向有意后注意转化，即转变为自觉的、不需要付出意志努力的自动注意。这属于一个由低级到高级的发展过程。

二、校园足球运动员思维的发展

处于青春发育期的校园足球运动员，其思维的发展也正处于形式运算阶段，其思维开始从形象思维、抽象思维向辩证思维过渡。这是人的思维发展的一个基本规律。总体而言，校园足球运动员的思维主要呈现出以下特点。

（1）通过思维的运用，事物形式与内容可以分离开来，即思维可以脱离具体的事物，根据假设进行逻辑推演。

（2）足球运动员可以从多个维度分析事物，思维朝着更加全面的方向发展。

（3）通过一段时期的发展，校园足球运动员的思维概括力、反省性和控制性得到了明显的增强。这对于运动员足球意识的培养与提高具有十分重要的意义。

三、校园足球运动员创造力的发展

（一）创造力发展的影响因素

1. 生理因素

在人体系统发展的过程中，神经系统尤其是大脑是创造力的物质基础，为创造力的发展提供了可能性。神经系统中神经元的构造和功能对创造力水平的高低具有非常重要的影响。

2. 年龄因素

伴随着年龄的增长,人的认知水平会得到逐步提升,创造力也不断发展和提高。幼儿时期,人就有创造力的萌芽,小学阶段已有明显的创造性表现,而青少年的创造力有了更多的现实性、主动性和有意性。但创造力的发展同个体的整体发展一样是一个有限的扩展系统,不会一直随着年龄的增长而增长,发展到一定程度和一定年龄后,就开始逐渐减弱。从总体上看,25～40岁为创造力的最佳年龄。对于处于青春期的足球运动员而言,发展自己的创造力对于足球意识的培养与提高具有重要的意义。

3. 性别因素

影响运动员创造力的因素有很多,性别是其中一个重要的方面。男女在创造力方面呈现出较为明显的差异。古今中外富有创造力的名人中,绝大多数是男性。这既有生理方面的原因,更有社会与文化的原因。许多跨文化的研究表明,在主张男女平等的民主开放的文化环境中,儿童的创造力普遍发展较好,男女差异也较小;在男女地位悬殊的封闭式社会条件下,男女差异较大。

4. 知识因素

人要想具备良好的创造力,必须要建立在必要的知识基础之上。离开必要的知识,创造力就无从谈起。但具有知识不一定具有创造力,对待知识一定要有变通性和灵活性,僵死、混乱的知识不仅不利于创造,反而会在一定程度上阻碍创造力的发展。这一点需要引起足球运动员的高度重视。

5. 动机因素

人们从事任何方面的创造性活动都是建立在一定的动机基础上的,如果没有一定的动机激发,人的创造性活动就很难进行。从动力来源上看,动机有内部动机和外部动机之分。许多经验和心理学研究都证明,内部动机更有利于创造力的发挥和发展。当人们被完成工作本身所获得的满足感和挑战感激发而不是被外在的压力所激发时,才表现得最有创造力,在这样的条件下,运动员才能获得良好的训练和比赛水平。

6. 环境因素

环境也是影响足球运动员创造力发展的一个重要因素,这一因素又突出地表现为家庭环境、学校环境和社会文化环境三个方面。

(1)家庭环境

一般来说,家庭环境、父母的教养方式、家庭气氛、家庭成员的榜样等都对足球运动员的创造力发展起着非常重要的作用。

(2)学校环境

接受义务教育是每一个人的责任,学校教育承担着非常重要的任务,一个良好的学校环境会对学生的创造力产生至关重要的影响。教师的态度、课堂气氛、课程设置、教学模式、学校环境等无不对学生具有深刻的影响。而在所有这些因素中,最核心的因素就是教师,教师的个性、行为、知识结构、教学手段的采用等都深深影响着运动员创造力的培养与发展。

(3)社会文化环境

大量的研究与实践充分表明,在倡导独立、自主的民主开放型社会文化环境中,人的创造力能获得很好的发展;而在封闭式的社会背景下,人的创造力就难以获得好的发展。由此可见,营造一个良好的社会文化环境是非常重要的。

(二)校园足球运动员创造力发展的特点

对于校园足球运动员而言,其创造力发展的特点主要体现在以下方面。

1. 创造性思维结构日趋完善

处于青春发育期的校园足球运动员思维结构的完善与发展,

主要表现在以下几个方面。

(1)以发散思维为主,聚合思维和发散思维协同发展。

(2)发散思维的流畅性、变通性和独特性都获得了一定程度的提高。

(3)抽象逻辑思维逐渐成熟,抽象概括能力大大提高,这一时期开始形成更为高级的辩证思维。

2. 有着明显的现实性和主动性

总体上来看,处于青春期的校园足球运动员,其创造力带有一定的现实性特征,他们的创造想象和思维多是由现实中遇到的问题或困难情景激发的,努力创造的目的也是为了解决这些现实问题。同时,青少年的创造力更具主动性和有意性,不仅能主动地提出问题,而且能主动地寻求解决问题的办法,遇到困难能坚持下去。

3. 创新意识强,创造热情高

随着经验和智力的不断增长,青少年儿童具有更强烈的创新意识和更高的创造热情。他们热情奔放,充满对新世界、新事物的好奇,不畏艰难,勇于探索。虽然他们的创造力不如成人那样有严密的科学性和足够的科学价值,但思维更敏捷而灵活。

四、校园足球运动员情绪的发展

相对于成年人来说,青少年的情绪起伏要大一些,通常来说,处于青春期的校园足球运动员其情绪发展呈现出以下几个特征。

(一)冲动性特征

个体进入青少年期之后,随着活动范围的扩大,自我意识随之发展,对外界事物的感受性也日益增强。这就使个体儿童期形成的认识结构往往不能同化外来的各种新知识,而处于加速变化和重建之中。伴随着这种变化，青少年容易出现情绪波动，产生较强烈的情绪反应。另外，由于青少年自我监督能力不强，加上某些生理激素的变化，导致其还不能很好地调节和控制自己的情绪，因而在情绪上也经常表现出冲动性的特点。在同样的刺激情境下，成年人可能不会出现过激的反应，青少年则有可能出现强烈的情绪体验。这与青少年的社会阅历及经验有着一定的关系。

（二）丰富性特征

伴随青少年自我意识的发展，其情感也越来越丰富，对于校园足球运动员而言，其情绪也表现出丰富性的特征。他们不仅具有多样化的自我情感，如自尊、自卑、自负等，而且产生了对爱情的体验，并形成了许多社会责任感、民族自豪感、使命感等情感，由此可见其情感的丰富性。

校园足球运动员情绪的丰富性特征与其需要的发展有着密切的关系。随着个体成长，社会需要逐渐产生和发展，并越来越居于主导地位，由社会性需要所产生的社会性情绪也就成为青少年的主导情绪。在日常生活中，青少年的悲欢忧喜则多与学习、工作、交往等有着密切的联系。社会性情绪在青少年情绪生活中所占的比例及其发展水平，也是衡量其社会成熟程度和精神生活丰富程度的一项重要指标。这种比例越大、水平越高，则表明其社会成熟程度越高、精神生活越丰富。

（三）两极性特征

处于青春发育期的青少年运动员，其情绪通常呈现出起伏波动较大的状态，他们的情绪具有明显的两极性特征，有时热情，有时则冷漠，情绪转换较快。导致这一现象的原因是多方面的，具体而言主要体现在以下几个方面。

第一，处于青春期的青少年足球运动员的性腺功能逐渐显现，性激素的分泌使下丘脑的兴奋性得到增强，使大脑皮层与皮下中枢暂时失去平衡，在这样的情况下，青少年足球运动员的情绪极易发生变化,呈现出两极性的趋势。

第二,在日常的生活与训练中,受年龄因素的影响,青少年足球运动员的身心发展很快,但同时又存在各种矛盾。这种矛盾使得他们的情绪极不稳定。

第三,总体上来看,青少年足球运动员的自我认识还不完善,非常在意他人对自己的评价,如果是正面的评价则精神振奋,反之则会显得比较急躁,表现出较多的负面情绪。

第四,影响青少年足球运动员情绪的因素有很多,如学习、人际交往、恋爱等,都会对青少年的心理带来一定的冲击,在这些因素的冲击下,青少年足球运动员的情绪会比较动荡,捉摸不定。

(四)文饰化特征

文饰化是指情绪表里不一致,这是青少年足球运动员心理闭锁性的一个重要体现。随着年龄的不断增长,青少年足球运动员表达情绪的方式越来越多,自我调控能力也不断提高,就会出现情绪的文饰化现象,在这种情况下,外人很难读懂他们的心思和想法。

导致青少年足球运动员出现文饰化特征的主要原因在于青少年社会意识的觉醒和自我意识的发展,使他们注意到自己情绪在特定的社会情境中表达的适当性。而他们衡量这种适当性的重要标准之一就是看是否有损于自己在他人心目中的良好形象和社会对他的评价。青少年既想展示自己的各种情绪情感体验,又无法把握他人和社会对自己的价值评价,于是他们就干脆封闭自己复杂的内在情绪体验,而用一般化的甚至是逆反的情绪表现来加以掩饰。这一情绪发展的特征对于了解青少年的身心发展状况是十分不利的,需要采取相关措施与手段尽可能地消除这种情绪的影响。

(五)心境化特征

心境化是指人的情绪反应相对持久稳定,情绪反应的时间明显延长。这种特征在一部分青少年中是普遍存在的。青少年情绪反应时间的延长主要表现在两个方面,一是延续做出反应;二是延长反应过程。例如,有的青少年在受到批评后,并没有当场发作,却在事后为此闷闷不乐好几天。这种情绪在某些青少年身上是比较常见的。

情绪的心境化特征可以说是个体的情绪由不成熟向成熟发展的表现。青少年正在摆脱儿童期的情绪反应快、转变快、缺乏心境化状态的特点,逐渐发展了对情绪的自我控制能力,使强烈的情绪反应得到一定的调节而转化为心境状态,但有时又终因调节不力而又爆发为激情。这种情绪多变的状况是青少年这一年龄段比较常见的,对于青少年足球运动员而言,在出现这一情绪时,教练员要给予必要的引导,引导青少年恢复心态,以积极的心态投入到训练之中。

五、校园足球运动员自我意识的发展

(一)少年期自我意识的发展

少年期自我意识发展的特点主要表现在以下几个方面。

1. 自我意识高涨

自我意识高涨是指自我意识的发展速度和程度超越以往任何时期。一个人从出生到成熟,自我意识有两个快速发展期,第一个快速发展期在1～3岁;第二个快速发展期就在少年期。伴随着生理上进入快速发育期,他们的注意力更加指向自我。

一般来说,青少年足球运动员的自我意识高涨具体表现在以下几个方面。

(1)他们从理性上认为自己已具备自我独立的能力,能自己处理一切问题。

(2)他们普遍具有强烈的主观性意识,敢于表达自己,敢于挑战权威,有着强烈的个性特点。

(3)青少年足球运动员内省的频率越来越高,通常在业余时间自我反省什么地方出了问题。

2. 自我体验的发展

在少年的诸多自我体验中,自尊感、自卑感以及成人感对自我意识的发展最有影响力。

(1)自尊感

自尊感是个体的自尊需要与社会评价之间相互关系的反映。随着年龄的增长和知识的日益丰富,自尊感的发展在少年的个性发展中占有重要的地位,特别需要在品德、人格和能力等方面得到他人的认可,同时也需要得到自我的认可。因此,当个体自尊感得到满足时,他们容易沾沾自喜;当自尊感得不到满足时,他们又容易妄自菲薄。

(2)自卑感

自卑感可以说是一种对自我的某一方面或某些方面持否定态度的情绪体验。处于自卑感中的少年会有心情抑郁的体验和闷闷不乐的表现。少年时期往往是自卑感的萌芽时期,由于少年期是性格发展的关键期,因此,少年时期是抑制自卑感发展,形成良好自我体验的重要时期。在这一时期如果能够对有自卑感的少年给予正确指导的话,自卑感是比较容易矫正的。自卑感到了成年时期就会稳定下来成为人格的一部分,稳定下来之后就难以改变。因此,在平时的学习和训练中,一定要注意运动员这方面的心理问题。

(3)成人感

伴随着年龄的不断增长,青少年的成人感日趋强烈,他们感觉自己已经长大,特别渴望得到成年人的各种体验。他们十分渴望成年人的情绪体验,他们希望用独立的姿态去接触他人,探索世界。但成人感的发展有时也会带来对成人的反抗心理,例如,在与成人的意见不一致时,就会表现出不满甚至愤怒的情绪。

3. 自我评价的发展

自我评价是指对自己的思想、愿望、行为和个性特点的判断和评价。青少年的自我评价主要体现在以下几个方面。

(1)抽象性

抽象性是相对于具体性而言的。儿童的自我评价有很强的具体性,他们总是从外部表现和具体的行为结果来评价自己。而少年往往可以从内部动机来剖析自己的行为,能够从一些具体的行为中抽象出自我的特点,自我评价比儿童更加概括和深化。

(2)独立性

随着年龄的增长,少年的自我评价对于成人的依附性逐渐减弱,他们表现为对自己的评价特别有主见,自我评价的独立性得到明显的提升。除此之外,少年会非常重视同龄人对自己的评价,有时甚至会因为重视同龄人的评价而忽视成年人的意见。

(3)全面性

随着年龄的增长,少年往往可以依据一定的道德观念和社会行为准则来评价自己的思想和行为,自我评价更加全面和深刻。在此基础上,少年有时可以做出一些对自己的批判性的评价。因此,在这一阶段,少年开始出现自我批评的意识,随着年龄的增长,这种意识逐渐得到加强。

4. 自我控制的发展

少年自我控制的发展呈现出以下特征。

(1)稳定性有待提高

与成年人相比,少年的自我控制能力缺乏一定的稳定性和持久性。他们的自我控制能力还没有达到一个稳定状态,随着年龄的增长以及社会经验的增加,其稳定性会得到大幅度的提高。

(2)主要依靠内部动力发展

对于儿童而言,他们更多的是依靠外部的约束来调控自己的行为,自我控制能力相对较低。到了青春期之后,随着少年自我意识的觉醒,其自我控制由以前的依靠外部约束逐渐转变为依靠自身内部动力来进行,这是其自我意识发展的主要特征。

(二)青少年期自我意识的发展

随着年龄的增长,青少年的自我意识逐渐成熟,与少年期相比主要呈现出以下特点。

1. 自我意识的分化与统一

(1)自我意识的分化

其实,早在少年时期,少年就出现了自我意识分化的早期状态,出现了主观自我与客观自我的形态。主观自我是认识的主体,客观自我是认识的客体。在成长过程中,主观自我不断审视和评价客观自我。在少年时期,个体的自我意识还会分化成理想自我、现实自我和投射自我。理想自我是自己想要达到的、理想状态下的我;现实自我是自己目前处于实际现状中的我;投射自我是自己认为他人眼中的自我。这两种自我意识的分化在青少年阶段发展得非常明显,青少年能够明显地意识到主观自我对客观自我的评价、体验和控制,能清晰地了解自我的状态。这是其成熟的重要表现。

(2)自我意识的统一

自我意识的统一是指理想自我、现实自我、投射自我三者之间的差距在合理的范围内,青少年能正确看待和处理三者之间的矛盾,并形成一个统一的评价。这是青少年走向成熟的重要表现。

2. 独立性的发展与成熟

随着年龄的增长,青少年的独立性越来越强。这一时期,青少年的换位思考能力逐步提高,情感体验和社会经验越来越丰富,他们能够意识到父母和教师的良苦用心,能够深刻地体会到他人的情感变化。因此,大多数青少年能够与其他人保持尊重的关系。这是青少年心理走向成熟的重要表现,也说明其独立性越来越强。

3. 自我评价的成熟

随着青少年的不断成长,他们的认知能力不断提升,自我评价逐步改善,各方面的发展都逐步成熟。在这一时期,他们不仅能够更加独立地看待自己,而且可以更加全面、客观、辩证地分析和评价自己,并且自我评价的稳定性即前后评价的一致性有所提高。青少年自我评价的成熟会加速自我监督、自我调控以及自我改造能力的完善。这对于他们的健康成长都是非常有利的。

4. 自我同一性的发展与同一性危机

青少年自我同一性的发展可以说是一种复杂的内部状态,这一状态主要包括以下四个方面的内容。

(1) 个体性

个体性是指能够意识到独特感,以不同的、独立的实体而存在。随着年龄的增长,青少年的这种意识越来越强烈。

(2) 整体性和整合性

整体性和整合性是指个体内在的整体感以及自我意识能把自己零碎的自我表象整合成一种有意义的整体。

(3) 一致性和连续性

一致性和连续性是指个体追求一种过去与未来之间的内在一致和连续感,这一特性之下,青少年能够强烈地感受到生命的连贯性并向着目标而努力奋斗。

(4) 社会团结性

社会团结性是指个体具有团体的理想和价值的一种内在的团结感,感受到社会的支持和认可。对于青少年足球运动员而言,只有内在少数的同一性感觉,并且感受不到自己的生命是向前发展的,不能获得一种满意的社会角色或职业所提供的支持的话,他就会处于一种同一性危机的状态。这对于其自身的发展是非常不利的。

第二节　校园足球运动员心理能力训练

心理训练是整个运动训练系统的重要内容,在平时的训练中要注意这一方面的训练,本节重点设计校园足球运动员心理训练的方法与比赛心理的调整与训练。

一、心理训练的目的与任务

在足球运动中,心理对抗也是足球对抗元素中的一个重要组成部分。为此,在足球运动的训练中加入心理训练就显得非常重要。

一般情况下,心理训练主要包括一般心理训练和专项心理训练两个部分。一般性心理训练主要提升的是运动员的综合心理素质,如此使运动员得以在良好的基础心理下参加足球训练和比赛活动。而足球专项心理训练则具有很强的针对性,能解决足球运动训练和比赛中遇到的各种心理问题。

总的来看,足球运动心理训练的任务主要包括以下几个方面。

(1)培养具有良好心理素质的足球运动员。
(2)尽可能长时间地维持运动员良好的心理素质。
(3)有效激发运动员正确的训练动机,树立正确的训练态度。
(4)培养和提高运动员良好的心理调节能力。
(5)缓解运动员的心理疲劳。

足球运动员的心理训练非常重要,除了进行一般性的心理训练外,还要结合足球专项的特点进行专门的心理训练,将心理训练的理念和内容融入到每天的训练活动之中,长此以往就能获得理想的心理训练效果。人的心理总是千差万别的，甚至就算是同一个人，其心理也可能由于面对的情况不同而千变万化。这就使得对运动员开展的心理训练要尽量具有针对性，关注到运动员之间的心理差异，而不应是"一刀切"的模式。例如，当遇到不利于本方的局面时，有些运动员会表现得沉着冷静，努力想方设法扭转局面，而有些运动员就显得手足无措，难以应对。针对运动员出现的这些显著的心理差异就需要采取不同的心理训练手段。

在心理训练中，除了教练员的引导外，校园足球运动员也要注重自身的心理调节，提高自己动手解决问题的能力。因为在比赛中，很少有教练员会将宝贵的时间用来对运动员进行心理疏导。为此，在对运动员进行心理训练时，教授一些内部激励性的自言自语、自我命令等自我心理调控的方法也是重要的训练内容。当然，运动员的运动心理问题不只有消极层面的，在运动过程中有些运动员还会出现过分兴奋的状态，对于这种心理也需要予以调节，以免他们因过度亢奋而做出违反规则的夸张行为。之所以对自我心理调节如此看重，主要在于没有谁能比运动员本人更了解自己的心理。如果运动员具备了自我心理调节能力，就能很好地应对比赛中发生的一切情况，从而使比赛形势向着有利于本方的方向发展。

二、校园足球心理训练常用方法

(一)目标设置训练法

足球心理训练需要有一定的目标，只有确定了训练的目标，才能在训练中有的放矢，实现训练的效果。因此，设置科学的训练目标是非常重要的。在心理训练中，目标设置与运动员的动机方向和强度有着一定的关系。因此，设置一个正确的目标至关重要。

目标设置与动机、操作成绩及个性培养之间有着极为密切的关系,这一关系可以在管理心理学中得到解释,是当今心理学研究的一项重要内容。

根据运动心理学的基本理论,运动员心理技能训练中不同类型目标的设置如下所述。

1. 长期目标与短期目标

在运动员的心理训练中,可以制定长期目标与短期目标。长期目标是若干年后经过自己的努力逐步实现的目标,如 4 年后在运动会上取得优异的比赛成绩。短期目标指拟定在一周或数月内实现的目标,如一周后实现既定的训练效果。

理想与目标有一定的关系,但也存在着很大的不同,目标可以说是较短时期内的行动目的。而理想则是使我们前进的重要动力。简单来说,目标是属于中短期的。而理想则是长期的。

可以说,所有的运动员都有长期和短期的训练目标,但有些运动员受各种因素的影响,不善于将长期目标变为中期目标和短期目标,很难在长期的训练中保持自信,训练动机也难以持久,这对于训练效果的取得是不利的。而只有将长期目标转化成若干中期或短期目标,运动员才会因为子目标的实现而看到自己的进步,才能产生更进一步的动机,这对于长期目标的实现具有重要的意义。

与长期目标相比,短期目标最为有效也较容易实现,但短期目标的实现需要长期目标的引导,运动员为了最终的长期目标,自觉并坚持不懈地行动,实现一个个短期目标有利于更快地实现长期目标。

2. 现实目标和不现实目标

现实目标与不现实目标有着明显的区别,简单来说就是,通过艰苦努力可达到的目标就是现实目标;不论怎么努力,努力多久也不可能实现的目标就是不现实目标。

作为一名运动员,一定要厘清现实目标与不现实目标。只有认清了现实目标,才能在其指引下在训练和比赛中获得自信。目标的确定要合理,是经过自己的努力可以实现的,这样的目标才能充分激发运动员训练和比赛的积极性,从而促进自身运动水平的提高。

(二)表象训练法

1. 表象训练法的概念

表象训练法是指通过一定的暗示语,运动员在头脑中反复想象技术动作或比赛情境,从而促进自身情绪控制能力增强的一个过程。这一训练方法在足球运动员的心理训练中较为常用,通常能取得理想的训练效果。

2. 表象训练法的基本程序

表象训练法的基本操作程序如下所述。运动员要严格按照这一程序进行表象训练。
(1)测定表象的基本能力。
(2)传授表象的足球知识与技能。
(3)开展各种形式的表象训练活动。

(三)生物反馈训练法

1. 生物反馈训练法的概念

生物反馈训练法是指借助现代化生物反馈技术将生理信息传递给运动员,使运动员经过反复练习,学会调节自身生理机能的方法。这一方法在当今的运动训练中得到了广泛的应用,通常能获得理想的训练效果。

2. 生物反馈训练法的实施

具体的训练方法如下所述。

（1）运动员在安静的治疗室内，坐在靠椅上。

（2）每次治疗前的 5 分钟，记录安装电极所获基线数据。

（3）运动员前臂肌肉做收缩与放松练习，做面部肌肉活动练习。

（4）给运动员施加精神压力，让其回忆痛苦的经历，观察其心理反应，确定好训练指标。

（5）运动员做收缩与放松的交替练习，然后做全身肌肉放松练习。

（6）自然、缓慢、均匀地呼吸。

（7）尽可能保持头脑清静，排除一切杂念。

（8）教练员注意对反馈信号进行调节。指导运动员做肢体屈伸练习，以放松身心。

（9）运动员每天练习 1～2 次，每次 10～30 分钟，坚持长期的练习。

（10）一段时间的训练后，如果没有明显的训练效果，运动员可以选择其他反馈性生物指标继续训练。

（12）运动员填写症状变化量表，确定训练的效果。

除此之外，常见的心理训练方法还有暗示训练法、放松训练法、模拟训练法、注意训练法等多种形式的训练方法，通过运用这些训练方法通常能获得理想的训练效果。

三、校园足球运动员比赛心理训练的方法

足球比赛中充满了身体的对抗，只有具备较强身体素质才能在对抗中占据上风，但是足球比赛不仅仅有身体对抗，还充满了双方心理层面的对抗，再加上投入比赛的球员总是高度集中注意力，这在很大程度上也消耗了他们的精力，种种这些都易引发心理疲劳和众多心理问题的出现。因此，对足球运动员进行适当的心理训练是非常重要的。下面主要阐述足球运动员的赛前、赛中与赛后心理训练。

(一)赛前心理训练

1. 赛前心理状态

在赛前,一般来说,运动员在身体及技战术层面都已准备好,唯一的不确定因素就是运动员的心理状态。一般来说,在赛前运动员普遍存在的心理状态有以下四种。

(1)最佳竞技状态

最佳竞技状态是指运动员的理想状态。在这一状态下运动员会表现出强烈的比赛欲望。同时对比赛环境也有良好的适应能力,特别是有一定的抗干扰能力。

(2)虚假自信状态

虚假自信状态,从另一层面来说属于一种恐惧心理,但在行为上企图使用自信的言行来掩盖内心的恐惧。在这一状态下运动员会表现出缺乏自信心和口硬心虚。当教练员发现运动员处于这种心理状态下后,应予以及时干预,让运动员尽快找回自信。

(3)赛前焦虑状态

参加比赛较少的运动员,通常在赛前会出现一定的焦虑状态。在这一状态下运动员会表现出生理反应失调、睡不好、饭不香、心慌、呼吸不畅、出虚汗、手脚哆嗦、尿频等现象。而心理表现主要有运动员感觉提心吊胆、害怕、坐立难安、注意力涣散等。

(4)赛前抑郁状态

赛前抑郁状态更多是运动员对比赛产生了淡漠心理后出现的状态。这种状态的出现与多次在比赛中表现不佳或遭到教练员责备、同伴指责后产生自卑感所致。在这一状态下运动员会表现出意志消沉、动作迟缓、注意力涣散等现象。在这一状态下参加比赛是很难取得比赛胜利的。

第六章 校园足球"学训一体化"之心智学练

2. 赛前心理准备

（1）建立正确的竞赛心理定向

足球比赛对抗非常激烈，比赛形势也是瞬息万变，在这样的情况下就需要运动员始终保持高度的注意力，否则就会失去比赛的主动权。当然，运动员在比赛中出现失误是难免，因此而输掉比赛也是非常正常的。面对失败，运动员应坦然接受这个结果，理智看待输赢，这需要运动员有较好的心理定向。对运动员心理定向应以运动员所能控制的事物为主，而不应将关注点仅仅放在输赢上，即引导运动员认识到输赢都是正常的，只要在比赛中尽到自己的职责，为挽回局面尽了全力即可。这样的心理定向引导可以缓解运动员的心理压力，以轻松的姿态面对比赛。

（2）制定周密的竞赛方案

教练员在赛前的准备工作中就要将场上可能出现的情况尽可能详细地预想出来，以此减少运动员因未知而造成的心理问题。

（3）调整赛前心理状态

在赛前，教练员要充分了解运动员的心理状态，然后对其进行适当的引导和干预，以将他们的心理状态调整到最佳状态。在实际当中这往往容易被教练员所忽视，这一点需要引起重视。

（4）做好全面应战准备

在赛前的最后准备环节中，教练员在重视技战术方面的叮嘱外，还要从心理层面对全队队员进行激励性讲话，以激发他们努力奋斗的精神。

3. 赛前心理训练的内容

赛前心理训练的成效如何将直接影响到比赛的结果。因此，赛前心理训练是尤为必要的。一般来说，赛前心理训练主要包括以下内容。

(1)制定赛前心理的训练任务和实施大纲

赛前心理训练的任务和实施大纲的制定依据是对手的实际情况,以及本队就此制定的技战术打法。此后,再根据这些事宜来对运动员进行心理训练。例如,当对方的实力高于本队时,教练员在给运动员讲解技战术打法的同时,还要告知球员们要正视双方的实力差距,不要背上想赢怕输的抱负;当面对实力低于本队的对手时,教练员要告知球员不要产生松懈心理,要重视对手。只有这样运动员才能以积极的心态去面对比赛,从而更好地处理比赛中出现的各种问题。

(2)针对运动员的心理现状进行模拟比赛的心理训练

可以在赛前安排一些教学比赛,以检验运动员的身心状态。教学比赛各方面的条件安排应尽量与真实比赛相同,包括器材、环境氛围等,这也为运动员的心理训练创造了条件。当运动员处在这样的比赛中时,许多心理问题也可能会显现出来。过程中,为了能更好地检验运动员的心理情况,教练员还可在比赛中故意做一些"动作",如故意大声呵斥球员、在场外制造干扰因素或在比赛判罚上有意偏袒对方等。这样一来,运动员的心理素质水平就能得到有针对性的发展和提高。

(3)针对运动员参赛的心理障碍进行专门性心理训练

每一名运动员都是不同的,在心理素质方面也存在着一定的差异,只有进行专门性心理训练才能起到更好的疏导作用。对运动员个人进行的心理训练的重点内容为自控力、调节能力和放松能力的训练。这样能取得良好的心理训练效果。

(4)准备好比赛心理调节手段

通常情况下,在赛前教练员就会对比赛中可能出现的情况进行预测,并对运动员面对这些问题时出现的心理反应做出预防性说明。例如,在了解到对方阵中有一名踢球小动作非常多的球员,就应告知本队球员注意这个问题,以免本队球员因为对方的小动作而做出不理智的行为。

(二)赛中心理训练

1. 赛场上的心理调节训练

赛中心理训练的目的在于维持运动员良好的心理状态,使其在比赛中充分发挥出应有的水平。在比赛中,双方的任何举动都有可能给彼此的心理上带来或大或小的影响,如本方的连续失误、对方的一次换人、裁判判罚不公等。事实上,一些工作较为细致的教练员在日常训练中就能了解自己运动员的心理特点,这能为赛中对运动员的心理调节创造良好基础。例如,教练员知道某位球员在遇到认为不公的判罚后会经常找裁判理论,那么在比赛中出现这种情况后,就需要及时制止他的行为。此外,教练员还要时刻提醒场上运动员注意情绪的克制与疏解,保持良好的心态参与比赛。

2. 赛场上的身心恢复训练

足球比赛是对双方各方面能力的考验,再加上足球比赛超强的对抗性,使得每名球员都要付出大量精力,身心两方面的疲劳都处于快速积累中。如果在比赛中任由这些疲劳积累而不想方设法予以缓解的话,运动员便会感到体能耗竭,心力交瘁。因此,在每个间歇时间中都要做好身心恢复训练,特别是要关注心理方面的训练,让运动员保持和恢复良好的心理状态,这样才有利于比赛的顺利进行。

(三)赛后心理训练

1. 赛后心理调整的意义

运动员在参加比赛后,身体和心理都会产生一定的疲劳,这是正常现象。但是如果不对疲劳施加干预使其尽快消除的话,则会影响运动员心理素质的发展。因此,赛后进行心理调整是尤为必要的。

运动员在赛后的心理疲劳还会存在,但此时他们隐蔽内心的变化到一定程度时就会以有形的方式表现出来。一场比赛的结束实际上也标志着下一场比赛赛前准备的开始,为此,教练员要留心观察运动员的赛后表现,由此判断其心理状态处于何种程度,善于捕捉和消除运动员的心理障碍和消极心理倾向对规避下次比赛中可能出现的隐患十分重要,一旦发现不正常的心理倾向就需要立刻予以干预,促使其尽快恢复到正常状态。

2. 赛后心理调整的内容

(1)赛后心理能量的恢复

运动员参加足球比赛后,体能和心理都有一定的消耗。及时地促进体能与心理的恢复是非常重要的。在缓解运动员心理疲劳的同时,也需要对体力的恢复予以关注,只有当两方面疲劳同时获得恢复时,才能达到最佳的恢复效果。具体的心理能量恢复方法为综合使用心理训练方法,并根据运动员个体心理状况有针对性地进行。特别要注意在心理疲劳缓解的同时要加入与体力恢复相关内容,如调整赛后第二天的训练强度,或是直接安排一天休息,如此不仅让运动员的身体得到了休息,也在心理上让他们稍微脱离一下紧张的比赛和训练情绪。

(2)赛后紧张情绪的解除

由于在比赛中运动员都保持高度集中注意力,赛后在一段时间内,这种紧张仍会保持一段时间。对于运动员来说,如果输掉了一场重要的比赛,比赛中的紧张情绪的影响可能会更大,以致几天之后还会因比赛中的事情而出现互相指责和迁怒于人的表现。如果是赢得了重要比赛,则心态完全扭转了过来,表现出过度膨胀和自满情绪。因此,解除运动员在比赛中形成的心理状态的延续性就显得较为重要。具体的紧张情绪解除方法为采用积极性休息转移注意力、对身体进行理疗或是放假,从而使运动员身心获得很好的放松和调节。

第三节 校园足球运动员的智力发展特征

一、足球运动员的认知能力特征

(一)对抗想象力

足球属于一项高对抗强度的运动项目,作为一名出色的运动员,一定要具备良好的对抗想象力,这属于对比赛攻守对抗的一种预测。能帮助运动员在比赛中掌握比赛的主动权,使比赛朝着有利于本方方向发展。

(二)有意记忆程度

通常情况下,人的记忆主要有长时记忆和短时记忆两种,短时运动记忆的变化规律是随着时间的变化而逐步遗忘,但不会遗忘掉所有内容。而长时运动记忆,相对运动员的一般记忆更能保持相当长的一段时间。通过大量的记忆力训练,运动员的记忆能够形成良好的自动化,这会在一定程度上影响运动员的技战术运用能力,因此加强运动员注意力的培养是尤为重要的。

(三)攻守思维能力

作为一名出色的足球运动员,还要具备良好的攻守思维能力,这有利于帮助运动员取得比赛胜利。具备了良好攻守思维能力的运动员能在具体的比赛中处理各种突发状况,并掌握好足球比赛的对抗节奏,实现运动水平的提升。

(四)对抗自信心与意志力

足球属于一项高强度对抗运动,在比赛中难免会发生各种各样的摩擦,只有具备了良好精神意志力的运动员才能克服这些情况,帮助运动员建立良好的自信心,从而有利于训练和比赛。在各种足球赛事中,有时候运动员的意志力和精神面貌起着至关重要的作用。因此,一定要注意提高运动员的自信心,妥善地处置训练或比赛中的各种问题。

(五)战术意识水平

足球战术意识是指运动员进行比赛时的自觉心理活动,是运动员在比赛场上根据具体比赛形势而做出的反应和选择,体现出运动员对比赛的接受能力和判断力。战术意识对于足球运动员而言非常重要,运动员一定要想方设法地提升自己的战术意识水平,将战术意识贯穿于整个训练过程之中。

(六)战术领悟能力

战术领悟能力主要表现在运动员对教练员战术的理解能力与执行能力两个方面。对于足球运动员而言,领悟战术能力的高低会直接影响比赛成绩。战术领悟能力也是足球运动员智能的重要表现。

(七)战术创新能力

要想提升自身的综合素质,取得比赛的胜利,运动员还需要具备一定的战术创新能力,这是一个非常重要的因素。可以说,战术创新能力是足球运动员灵活运用和执行战术的重要基础,在一定程度上反映着运动员的综合运动水平。因此,在平时的足球训练中不要少了这一项训练内容。

二、足球运动员的临场反应能力特征

足球比赛充满了激烈的竞争,在比赛场上,形势瞬息万变,对运动员的临场反应能力提出了很高的要求。如果运动员的临场反应能力较差,就容易被动从而导致失败。因此,培养和提高足球运动员的临场反应能力是非常重要的。

一般来说,足球运动员的临场反应能力主要包括以下几个方面的内容。

(一)先天反应能力

个体的反应能力受遗传影响表现不同。一个人的反应能力虽然可以通过后期的训练来进行提高,但是先天反应能力高对足球运动员来说是一项很好的优势。拥有出色的先天反应能力的足球运动员能很好地应付比赛中的突发状况,使比赛朝着有利于本方的方向发展。

(二)重点动作记忆能力

重点动作记忆能力是运动员临场反应的一项重要内容,在训练和比赛中,运动员要能迅速记住重点动作和难度动作,不断提升自己的动作记忆能力,这对于其提高训练和比赛水平具有重要的意义。

(三)对对手动作的判断能力

在足球比赛中,做好预判是非常重要的,这样才能为接下来的动作创造良好的条件。因此,对对手动作的判断也是运动员需要具备的一种能力。需要注意的是,对对手动作的判断能力是建立在良好的技战术能力和丰富的比赛经验基础之上的。在平时的训练中要注意这一项能力的培养和提高。

(四)转化战术知识的能力

足球运动员在平时的技战术训练中,除了学会基本的技战术知识外,还要掌握灵活运用这些技战术知识的能力,要将这些知识转化为自己的战术理论,进而运用到比赛中去,是其能够拥有自己的技战术风格的关键所在。因此,足球运动员必须具备良好的实践操作能力,合理地应用各种技战术,这样才能取得理想的比赛成绩。

(五)发现对手意向的能力

在足球比赛中,运动员要善于观察对手,时刻观察对手的战术意图,然后做出合理的判断,制定具有针对性的战术。现代足球比赛的竞争越来越激烈,比赛过程中充满了不确定性,因此运动员要善于观察对手,勇于创新,采取相应的措施与手段应对各种局面,使比赛形势向着有利于本方方向发展。

三、足球运动员的攻守能力特征

作为一名出色的足球运动员,必须要具备出色的判断场上形势的能力,运动员需要依靠自己的判断来决定攻守措施,如果攻守措施得当,获胜的几率就会加大。因此,攻守能力是足球运动员心智认知能力的重要内容。

总的来看,足球运动员攻守能力的内容主要包括以下几个方面。

(一)观察能力

足球运动员的观察能力具体表现在以下几个方面。

第一,在具体的比赛中,运动员要善于观察对手的技战术特点,这样能牢牢地占据比赛的主动权,有利于取得比赛的胜利。

第二,要密切观察对手的跑动路线。这样能对对手的"突袭"做好充分的心理准备,以更好地应对突发状况。

第三,充分了解与洞察对手的心理状态,可以有针对性地采取心理手段干扰对手的技战术布置,造成对手的失误,获得比赛的主动权。

(二)分析能力

为了获得比赛的胜利,运动员还必须要具备良好的分析比赛的能力。这一分析能力主要是对足球比赛规律与特点的分析。运动员要提前做好充分的准备工作,了解比赛场上对手的运动特点与规律,只有如此才能制定出具有针对性的应对策略或方案,从而占据比赛的主动权。

第四节　校园足球运动员智能训练

智能也是运动员综合素质的重要组成部分,拥有良好的智能水平对于运动员运动水平的提高具有重要的帮助。

一、运动员智能训练的意义

一般来说,拥有较高智能水平的运动员,通常能很好地理解教练员的技战术意图,并在训练和比赛中能很好地贯彻,有利于取得理想的比赛成绩。拥有良好运动智能的运动员也能够很好地配合教练员完成训练计划,从而完成训练任务。

具体而言,运动员智能训练的意义主要表现在以下几个方面。

(1)运动智能水平相对较高的足球运动员,通常能很好地理解教练员的战术意图,能将其很好地贯彻到比赛当中。

(2)运动智能水平较高的运动员能在比赛中灵活机动地运用战术,使比赛形势向着有利于本方方向发展。

(3)运动智能水平较高的运动员能合理地控制自己的情绪,能以积极的心态面对比赛场上发生的各种突发状况,从而充分发挥出自身的竞技水平。

二、运动员智能训练的手段

(一)提高运动员的专业理论知识水平

1. 学习文化理论知识的常用方法

一般来说,运动员学习文化理论知识的方式有很多,其中常用的有以下几种。

第一,通过自己的阅读自学获得关于运动智能的相关知识。
第二,通过教练的讲解与辅导提高专业知识水平。
第三,通过小组讨论获得启发。
第四,通过布置的作业巩固所学知识。
第五,通过专题研究深化所学知识。

2. 结合训练实践学习体育专业理论知识

运动员要想更好地学习、掌握和巩固足球专业理论知识,需要结合实践进行,这样才能获得理想的学习效果。在学习的过程中,运动员要严格按照既定的训练计划进行,并做好必要的训练总结,善于在训练中发现问题和解决问题。运动员还可以学习国内外优秀运动员的训练实践经验,取长补短,从而促使自身获得进一步发展。

3. 广泛学习相关学科的科学知识

足球运动员要想获得全面的发展,就需要学习与了解运动生理学、运动解剖学、运动心理学、体育美学、体育哲学等各方面的学科知识,以这些学科知识武装自己,参与科学的运动训练。

(二)提高运动员运用知识的水平

运动员在掌握了基本的理论知识外,还要学会在实践中应用,这是提高其技能水平的重要前提。运动员要根据训练实践的需要,去学习和寻找有关的理论知识,并将其应用于训练实践,从而提高理论知识运用能力。

运动员在足球训练过程中还要善于发现问题、解决问题。通过观察发现问题,主动地去改进训练,提高自身的理论知识应用水平。如运动员在训练中发现某一理论并不适合自己,就要及时地进行调整,反复尝试,选择适合自己的训练手段。

三、运动员智能训练的注意事项

(1)在日常训练中,灌输给运动员基本的智能理论与知识,让运动员深刻理解智能训练的意义与价值,动员他们的积极思维,启发他们自觉参与智能训练的积极性和主动性。

(2)在进行智能训练时,要根据运动员的文化水平、运动基础和具体实际合理地选择训练的内容,提高训练的专业性。

(3)训练计划要包含运动智能训练的内容,在日常训练中都要涉及,这样运动员就能潜移默化地提高自己的智能水平。

(4)建立一个科学和完善的运动智能测定和评价制度,对运动员智能的评定要结合训练与比赛进行,这样才能得出相对客观和准确的数据。

第七章 校园足球"学训一体化"之运动技能学练

学生掌握必要的足球运动技能是其顺利参与足球运动的基础。在校园足球"学训一体化"的体系指导下,要求对学生进行的足球技能传授要能支持其参与足球运动,并通过技能的练习达到锻炼身心的作用,力求适应校园足球的发展理念。为此,本章就对校园足球的技能学练进行指导。

第一节 校园足球运动员的竞技能力结构

一、校园足球运动的技术理论解析

(一)足球技术的定义

足球技术,形成于足球实践活动之中,其经过长期的实践运用,逐渐构成了基本形态,直至最终成型,即便如此,已经成型的足球技术也会在发展过程中不断完善和创新。总的来说,足球技术就是一种在足球运动实践中形成、发展和完善的,在足球运动中采用的合理动作的总称。

足球运动的技术自出现之日起,一直处于不断发展的状态中。特别是近几十年来,其发展速度格外快。驱动足球技术发展进步的动力是足球运动者渴望获得比赛胜利,为了能在比赛中占据优势,并最终赢得比赛,运动员都努力想做到进攻与防守两端的平衡,并格外注重对时间与空间的控制权的争夺。为此,过硬的足球技术就是支撑他们这些意图的重要元素,由此足以看出足球技术在比赛中的基础地位。

现代足球运动不论是在进攻端还是在防守端,都展现出了快的特点,且这一特点在攻与防或防与攻的转换中也得到了凸显。从整体战术角度上看,球队越发偏向全攻全守的打法,这让球员原本相对固定的位置及其职责开始出现变化,球员根据战术需要,也要承担其他位置的球员的职责,如前锋也要参加攻转守后第一防线的防守任务,后卫也要参与定位球进攻等。这无疑是对球员技术能力全面性的一种考验。因此,在校园足球技术内容的教学上,也应坚持技术教学的全面性和注重技术教学质量,力求使学生能将所学技术在比赛实践中顺畅应用出来。

(二)足球技术的分类

足球运动的技术种类繁多,有些较为简单易被学习和接受,有些则比较复杂需要通过认真的学习和刻苦的练习才能掌握。另外,不仅仅要掌握种类繁多的技术,更重要的是要能够在正确的时机使用技术。

根据球员在场上的位置和分工情况,足球技术可分为锋卫队员技术和守门员技术两大类。但是,不论是锋卫队员还是守门员,他们在比赛中都需要完成与球结合的技术动作,另外还要完成许多无球技术动作。所以,足球技术一般分为有球技术和无球技术两大类(图7-1)。

(三)足球技术的特征

1. 技术运用的目的性

每一项足球技术的存在都具有它的目的性和合理性。为了追求这种目的性和合理性,足球技术也在不断地进行着自我改变和完善。对于初学者来说,其对足球运动的规律和技术动作的选择并不是十分了解,因此这使得他们在足球技术的选择上盲目性过大。不过,通过实践的经验积累,这种盲目性会越来越小,通过自己对足球运动的认识和对自己擅长的踢球方式的理解,他们会选择更加适合自己的技术,久而久之就形成了特长技术,这就是一种技术运用的目的性逐渐增强的表现。因此,可以说足球技术水平与比赛技巧的提高过程,就是盲目性减少,而目的性提高的过程。

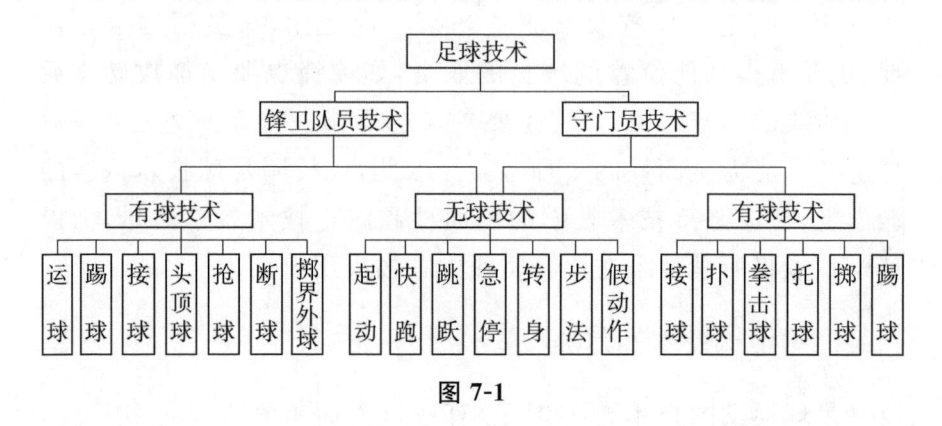

```
                          足球技术
              ┌─────────────┴─────────────┐
           锋卫队员技术                守门员技术
         ┌─────┴─────┐                    │
      有球技术    无球技术              有球技术
    ┌──┬──┬──┬──┬──┐  ┌──┬──┬──┬──┬──┐  ┌──┬──┬──┬──┬──┐
    运 踢 接 头 抢 断 掷  起 快 跳 急 转 步 假  接 扑 拳 托 掷 踢
    球 球 球 顶 球 球 界  动 跑 跃 停 身 法 动  球 球 击 球 球 球
          球       外              作        球
                  球
```

图 7-1

足球是一项激烈的竞技性运动,其比赛目标即为防止本方球门被对手攻破的同时还要尽力将球攻入对方的球门。要想实现这一目标,就需要尽可能地利用合理的足球技术将球控制在己方,并通过有效地传递掌握比赛的节奏,最终在传递中寻觅对方防守的空当,伺机射门得分。因此,控球并取得比赛的胜利是足球比赛的根本目的。要做到技术与目的相结合,运动员必须具备全面而扎实的技术基础,并能娴熟、自如地运用这些技术,要在技术的实用性上多下工夫。

2. 技术与意识相结合

意识,是指运动员对足球比赛规律的认识,并能预先判断场上可能发生的变化而提前采取合理而有效的行动的一种思维能力。足球场上运动员的一举一动,包括在有球和无球状态下,都要有意识的反映。此外,良好的意识也是足球技术能够顺畅使用的前提,如在进行防守时,如果防守球员拥有良好的防守意识,那么他可能会提前判断对方的带球方向,这样他就会提前预动向可能的方向,当进攻方果然带球向那个方向时,防守球员由于意识的到位带动技术提前到位,如此便可以抢先一步卡住防守位置断球成功。

实际上,在足球运动中,无论哪种技术都会受到意识的支配。因此,技术与意识的结合是足球运动明显的特征。它不仅要求运动员需要具备坚实的技术运用能力,还要精通足球比赛的规律以及各种战术打法的要求,研究对手的球路和习惯。意识的培养与技、战术的训练要结合在一起,寓意识于一切技术行动之中,使它们同步存在与发展。一般来说,意识更多的属于人的思维范畴,影响运动员的足球意识的因素有很多,如文化素质、理论水平、外界条件等。因为人的运动天赋不同,所以对于运动员意识的培养不能一概而论,再加上意识的培养不是集中培训就可以达到效果的。因此,在平时的教学当中,体育教师应积极向学生灌输各种足球意识,并大量挖掘、培养那些具有良好天赋的运动员。

3. 技术与速度相结合

现代足球运动正朝着高速度、强对抗的方向发展。最突出的体现就在于由于场上运动员的身体素质的增强,使得他们在奔跑速度、动作速度、动作速率等方面的耗时越来越短。因此,要想真正适应现代足球激烈的对抗,最重要的因素就是提高各种速度和速率。特别是在快速移动中运用技术的能力、完成技术动作的速度和各技术动作之间的衔接等。如果缺乏速度,那么不论球员具有多么出色的意识和多么漂亮的技术动作,依旧无法在比赛中占据优势。

4. 技术与意志相结合

意志品质是足球运动员所必不可少的重要素质之一,在足球比赛中起着举足轻重的作用。

足球运动员的意志品质基本上体现在以下三个方面：一是勇敢顽强的拼搏作风；二是自我控制情绪的能力；三是敢于冒险的无畏精神。

足球是一项勇敢者的运动，这是由其特点所决定的。随着比赛争夺的日趋激烈，对运动员的意志品质也提出了更全面、更突出、更明确的要求。只有将意志品质和技战术能力结合起来才能促使比赛过程向好的方向发展。

5. 技术与即兴发挥相结合

足球比赛的不可预测性以及比赛局面的瞬息万变正是足球运动的最大魅力。

现代足球的打法倾向于攻防转换越发快速，对控球权的争夺异常激烈。这样一来，留给比赛中的运动员处理球的时间越发减少，这就需要球员们要掌握某些超常的技术才能满足比赛的要求，而这些超常技术的运用多为即兴发挥，或是一种超水平发挥。这种看似非常规的技术动作并不是凭空想象的，它的出现也是建立在扎实的基本功和灵活的头脑之上的。

即兴发挥，是指运动员根据比赛场上瞬息万变的环境及突发的情况，随机采取应急手段，打破原有技术动作的结构，以达到出奇制胜的目的。随着现代足球运动的快速发展，运动员的即兴发挥将会运用得越来越广泛。首先，它要求运动员必须具备全面而娴熟的技术、突出的意识、敢于冒险的精神、机敏冷静的头脑和迅速的应变能力，并且这些都要在一刹那的时间中快速地表现出来。在世界范围内，在场上即兴发挥程度较高的代表性足球队有巴西队、阿根廷队、哥伦比亚队等。

二、校园足球运动的战术理论解析

（一）足球战术的概念

足球比赛中，根据场上的实际情况，通过个人或集体的配合，达到战胜对手的目的所采用的一系列的方法和策略,称为足球战术。运动员的技术能力和身心素质决定了足球战术的应用效果。

足球战术的实质就是在比赛瞬息万变的局势下,根据自己掌握的知识、技能,适当有效地发挥自己的身体的潜能,取得胜利。要想战胜对手必须要有较强的战术意识,它是运动员进行比赛时的自觉心理活动,是对比赛客观显示的有目的、自觉的反映,是运动员根据比赛场上的攻守态势,自觉选择与运用技战术行动的瞬时决断能力的体现。只有具备这些素质才能根据比赛中随时变化的情况,灵活机动地改变预定的战术方案,运用战术变化,最终达到预期的比赛目的。

(二)足球战术的原则

1. 攻守平衡原则

众多足球比赛实践都展现出了一个道理,即比赛中球队的进攻和防守应处于一个较为平衡的态势,过于偏重进攻或过于偏重防守都是不可取的,都难以在比赛中维持全盘主动的局面。可见,攻守平衡的足球才是合理的,这在战术安排上要格外注意,并遵循此原则。

2. 随机应变原则

足球比赛中的形势瞬息万变,突发情况连连。这些意外的出现都可能导致在赛前为比赛制定的战术失效,需要重新选择战术来应对新的局面,而这就非常依赖教练员的执教能力和球员的应变能力。例如,当本方被红牌罚下一人后,教练员应根据场上局势对阵型或战术进行调整,以将本方由于被罚下而少一人所带来的消极影响降至最低。

3. 选择恰当的比赛阵型的原则

比赛的阵型多样,每种阵型都有其偏重的功能,以应对不同的比赛局面。对阵型进行选择的依据主要为本队队员的竞技实力、特点,司职位置人员构成。另外,以比赛对手为依据选择有针对性的阵型也是确定恰当阵型的方法。因此,在平日的训练中要多练出一套或两套阵型,否则突然的变阵可能会使球员的位置感不足,出现阵型站位错误的问题。

4. 合理控制比赛节奏的原则

每场比赛在不同阶段都有特定的比赛节奏,掌控比赛节奏的是对阵双方中综合实力较强的一方。不论是快速的比赛节奏,还是稍慢的比赛节奏都有其战术价值,对节奏的选择是根据场上形势而来的。例如,在球队大比分领先时,领先的一方在获得球权后可稍稍放慢节奏,以调动对方频繁奔跑抢球,消耗对方体能;若是本方处于落后局面,则在获得球权后会加快进攻节奏来争取时间扳平比分。球队对比赛节奏的掌控应是张弛有度的,切不可一味的快速或慢速。

(三)足球运动的阵型

比赛阵型是指比赛场上队员位置的排列形式和职责分工。比赛阵型是足球战术的一个组成部分,是使用战术的必备条件。根据对方的实力和技术、战术特点以及本方队员的特点确定本方攻守力量的搭配和职责分工,做到攻守平衡,这才能在攻守中发挥自己的特长。比赛阵型本身不能给球队带来胜利,不管采用什么样的阵型,最终决定胜利的因素都是球员良好的身体状况和高超的技术能力与战术能力。

足球运动的发展史实际上也是足球阵型的发展史。其发展的规律通常为进攻与防守这对矛盾,足球运动技战术的发展也是促进阵型演变的要素。另外,不断完善的足球运动规则也促进了阵型的发展。例如,最初的足球运动规则中没有对越位做出限制,这就使得阵型的整体移动性无法实现,但当规则中加入了越位的规定后,阵型的意义一下就体现了出来。

第七章 校园足球"学训一体化"之运动技能学练

一般的足球比赛中大体可将场上位置分为前场、中场和后场三个部分,相应位置的球员称为前锋、中场和后卫,不同位置的球员的职责分工有很大不同。在三个位置中,中场无疑是最关键的位置,它承载着整支球队承上启下的枢纽作用,可谓"得中场者得天下"。如此一来,在阵型的变化中,中场的变化也就是最丰富的了。这又自然使得对中场球员的技术能力有了更高的要求,最好是能攻善守,呈现职能全面化和攻守平衡的特点。"4—4—2"阵型在很长一段时间中都是足球运动的主流阵型,这种阵型的优势在于凸显了位置平衡和攻守平衡的思想,此后的很多其他阵型的出现都是以此作为基础衍生而来的。下面就简单介绍一下主流的"4—4—2"阵型、"4—3—3"阵型和"4—2—3—1"阵型的特点。

1. "4—4—2"阵型

后场和中场都安排4名队员,防守力量强,有利于巩固后方,攻防更为灵活、机动。同时有利于夺取中场优势和主动权,便于前卫、后卫插上进攻,快速反击更为锐利,但需要两名前锋突破能力强,善于捕捉战机。

2. "4—3—3"阵型

该阵型的主要特点是攻守力量比较均衡,有利于攻防力量的组织,攻防的机动性大,进攻突然性、隐藏性强。中锋常常深入对方的纵深腹地,紧靠对方拖后中卫,给对方造成较大压力。

3. "4—2—3—1"阵型

该阵型的主要特点是攻守平衡,进攻时双后腰一人提上参与进攻组织,两个边锋在边路可做足文章,单前锋通常为桥头堡型,要具有射门和组织能力。防守时由最少6人构成的体系可有效阻断对方中路的进攻。

第二节　校园足球运动员的技术习练

一、踢球技术习练

(一)脚内侧踢球

脚内侧踢球技术,支撑脚落于球侧后方约15厘米处,膝关节微屈,踢球腿从后向前摆动,过程中膝部外展,使脚弓与出球方向垂直,然后小腿加速向前摆动,踢球的后中部(图7-2)。

图 7-2

(二)脚背内侧踢定位球

斜线助跑,支撑脚落于球侧后方适当位置,膝部弯曲,踢球脚后摆,然后在大腿的带动下小腿前摆,脚面绷直,脚趾指向前下方,以脚背内侧踢球的后中部(图7-3)。

(三)脚背内侧踢弧线球

斜线助跑,支撑脚落于球侧后方适当位置,膝部弯曲,踢球脚后摆,然后在大腿的带动下小腿前摆,脚面绷直,脚趾指向前下方,以脚背内侧踢球的球心左右位置,并在触球瞬间抖动脚腕以施加给球一个旋转。

图 7-3

(四)脚内侧踢空中球

在迎球阶段大腿预先抬起,脚内侧正对出球方向,摆动小腿踢球的中部(图 7-4)。

图 7-4

(五)脚背正面踢球

采取直线助跑,支撑脚的落点为球的侧方平行位置,踢球脚的脚尖正对出球方向,然后踢球腿在大腿的带动下从后向前摆动,当大腿前摆至与地面垂直的位置时停止摆动,此时小腿加速前摆踢球,触击球的后中部(图 7-5)。

图 7-5

(六)脚背正面踢空中球

在判断好来球路线后使身体侧对出球方向,支撑脚跨一步,上体向支撑脚一侧倾斜,踢球脚大腿高抬至球下落的延长线,在大腿的带动下小腿急速挥摆,以脚背正面踢球的后中部,踢球过程中身体随动扭转(图 7-6)。

图 7-6

(七)脚背正面弹拨球

弹拨球技术主要是以膝部的快速侧摆或侧前摆为主,在踢球时,要充分利用踝关节的灵活将球弹拨出去。

(八)脚背外侧踢球

采取直线助跑,支撑脚的落点为球的侧方平行位置,踢球脚的脚尖正对出球方向,然后踢球腿在大腿的带动下从后向前摆动,当大腿前摆至与地面垂直的位置时停止摆动,此时小腿加速前摆踢球,以脚背外侧触击球的后中部。

(九)脚背外侧踢弧线球

采取直线助跑,支撑脚的落点为球的侧方平行位置,身体稍向支撑脚一侧倾斜,踢球脚的脚尖稍向内侧转,然后踢球腿在大腿的带动下从后向前摆动,当大腿前摆至与地面垂直的位置时停止摆动,此时小腿加速前摆,摆腿的方向不通过球心,以脚背外侧触击球的球心左右位置,并在触球瞬间抖动脚腕以施加给球一个旋转。

(十)脚尖和脚跟踢球

支撑脚落于球侧后方,脚尖翘起迎球,踝关节保持用力,以脚尖踢球的中下部,将球搓离地面。

踢球腿前跨到球前方,然后小腿后摆,以脚后跟触击球的后中部,将球踢出。

(十一)搓踢过顶球

支撑脚落于球侧后方,脚尖翘起迎球,踝关节保持用力,以脚尖踢球的下底部,将球高高搓离地面,搓出的球带有一定的向下的旋转(图7-7)。

图 7-7

二、停球技术习练

(一)脚内侧停地滚球

面对来球,支撑腿膝部稍弯曲,停球脚在触球前脚弓稍前倾,与地面有一个小于 90°的锐角,以这个动作触球,将球停在脚下。若来球力量较大,在触球瞬间应做一个小幅度的后撤动作以卸掉来球的力量。如果是采用侧切压停球的方式的话,停球脚要以脚内侧切压球的后上部(图 7-8)。

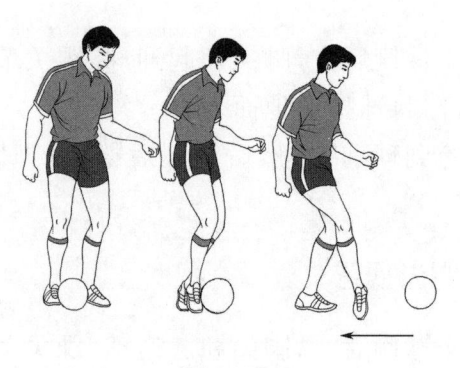

图 7-8

(二)脚内侧停空中球和反弹球

身体侧对来球,将脚举抬起,脚内侧对准球下降的延长线,在触球瞬间应做一个小幅度的后撤动作以卸掉来球的力量,将球停在身体旁的适当位置(图 7-9)。

脚内侧停反弹球,支撑脚落于球的落点侧前方,上体稍前倾并向停球脚方向微转,停球脚放松抬起,停球脚在触球前脚弓稍前倾,与地面有一个小于 90°的锐角,以这个动作触球,触球的时机为球落地反弹的初期,触球的中上部,将球停在身体旁的适当位置(图 7-10)。

图 7-9

图 7-10

(三)胸部停球

身体面对来球方向,上体稍微后仰,两脚开立,可左右,也可前后。当球飞到胸前上方时挺胸,胸部构成了一个向上的仰角,使球触胸后向前上方弹起,球落地后立刻用脚控制(图7-11)。

图 7-11

(四)大腿和脚背停高球

大腿停高球时,身体正面迎球,停球腿大腿抬起,侧向展髋,以大腿中部肌肉作为接球点,在接球瞬间小幅度快速后撤卸力,将球停在可控范围内。

脚背停高球,身体正面迎球,接球腿屈膝提起,以脚背作为接球点,在接球瞬间小腿和脚腕下撤卸力,将球停在可控范围内。还可以选择在球下落到接近地面时以正脚背触球,将球停留在脚上,脚与球一同落地。

(五)脚背外侧停地滚球

支撑腿稍微弯曲,接球脚提起,放于支撑脚的侧前方,脚背外侧对准来球,脚背与地面呈一个小于 90°的锐角,触球时脚背下压,将球停在可控范围内(图 7-12)。

图 7-12

三、运球技术习练

足球运球技术主要有脚内侧和脚背外侧运球两种。

脚背内侧运球时,球和脚接触面积较大,因此容易控制球,并便于做转变方向的曲线运球,也便于用身体掩护球。脚接触球的部位同脚弓踢球。运球时,支撑脚向前跨出一步,落在球的侧前方,膝稍屈,重心放在支撑脚上,同时上体向运球方向前倾,运球脚提起后用脚弓推拨球的后中部。脚背外侧运球对跑的速度影响较小，多见于直线快速运球。这种运球方法容易改变方向，隐蔽性强，便于传球或射门。脚触球的部位和外脚背踢球相同。运球时，上体要稍前倾，运球脚的脚尖和髋关节稍向里转，膝微屈，脚腕放松。在向前迈步将要落地前用外脚背推拨球的后下部。

四、头顶球技术习练

（一）原地前额正面头顶球

身体正面对球，两脚分开，可左右可前后，膝关节稍微弯曲，上体稍后仰，双眼紧盯来球。当球飞到头前几乎要接触身体垂直面时，蹬腿、收腹、快速前屈身体，以头的前额正面顶球的后中部，将球顶出（图 7-13）。

图 7-13

（二）原地跳起头顶球

身体正面对球，待球飞到身体前上方几乎基础身体垂直面的时候双脚起跳，两臂屈肘上摆，上体后仰成弓形，双眼紧盯来球。顶球时收腹、快速前屈身体、甩头，以前额正面将球顶出（图 7-14）。

图 7-14

五、突破技术习练

（一）脚内侧扣球突破

身体重心要随着所变换的方向而及时改变，脚腕的运用要做到灵活多变，特别是脚腕内扣的动作要迅速，有爆发力，以脚内侧部位触球。当扣球动作完成，实现了变向后，再全力加速摆脱对手。

（二）脚外侧拨球突破

面对对方的迎面防守，可先做一个脚内侧领带球的假动作，身体重心要随着所变换的方向而及时改变，脚腕的运用要做到灵活多变，然后突然以脚外侧部位触球，将球拨出，实现了变向后，再全力加速摆脱对手。

六、防守技术习练

在与对手平行跑动时，降低重心，接触对手一侧的手臂夹紧在身体一侧，行动的时机为靠近对方带球的一脚距离，此时用肩部冲撞对方同等部位,迫使其失去平衡从而趁机抢球(图7-15)。

图 7-15

正面抢球时两脚前后分开,重心在后脚,重心压低。抢球时抢球脚脚内侧正对球,当判断球的位置在出脚的一脚之内时,准确跨步出脚,将球抢下(图7-16)。

图 7-16

七、界外球技术习练

身体面对掷球方向,两脚分开,膝关节弯曲,上体后仰蓄力,两手持球的侧后部,将球置于头后,屈肘。掷球时,蹬地、收腹,两臂急速前摆,将球掷出。掷球的全过程中双脚不可离地且不可踏入场地内(图7-17)。

图 7-17

八、守门员技术习练

(一)原地直腿和下蹲双手接地滚球

直腿接球：两腿直立，上体下倾，两臂下垂，两小指靠近，手掌打开迎球，将球稳稳接住，并抱球于胸前(图 7-18)。

图 7-18

单腿跪撑接球：一腿弯曲一腿跪立，身体正对来球，上体下倾，两臂下垂，手掌打开迎球，将球稳稳接住，并抱球于胸前后起立(图 7-19)。

(二)接平直球和高空球

接平直球：身体正面对球，两脚左右分开，两臂下垂屈肘前迎,两小指靠近,手掌打开迎球,触球瞬间两臂后引、屈肘,将球抱于胸前(图 7-20)。

图 7-19

图 7-20

接高空球:身体正面对球,两脚左右分开,在预判准球的飞行路线的基础上跳起,双臂抬起接球,接球后两手手掌和手指按住球,然后屈肘回收球,将球抱于胸前(图 7-21)。

(三)倒地、跃起双手扑两侧低平球

倒地扑两侧低平球:以扑接左侧低球为例,在判断好来球线路后右脚蹬地,左腿屈膝向左跨步,身体倒向左侧,落地顺序为小腿、大腿、臀部、上体外侧,两臂伸展接球,然后将球收回胸前(图 7-22)。

图 7-21

图 7-22

第三节　校园足球运动员的战术习练

一、进攻战术

(一)局部进攻战术

局部进攻配合,是指在一个指定区域内由不少于两名球员进行的进攻战术配合。常见的局部进攻战术通常由二人或三人完成,也有时会由四人完成。

第七章 校园足球"学训一体化"之运动技能学练

1. 二人局部进攻配合

在足球局部进攻战术中,二人配合是最为常见的,其方式主要有传切配合二过一、踢墙式配合二过一、回传反切二过一和交叉掩护二过一等。二过一是足球运动中在局部实现以多打少的最基础方式,在实际运用中非常多见,甚至由此衍生出多种战术配合。然而要想执行好二过一战术,需要球员具备足够的技术能力、配合能力和战术意识。

(1)传切配合二过一

传切配合二过一是两名球员以传球和切入两项技术为主构成的战术配合。根据传球和跑位的线路不同,可分为"斜传直插二过一"(图 7-23)和"直传斜插二过一"(图 7-24)两种。

两种二过一的特点都是利用一次传球和一次插入就避开对方的一个防守球员。从线路上看这种配合较为简单和实用。需要注意的是,在配合时两名球员之间要保持一定的距离,以避免造成对方可以做到一防二的局面。控球球员可原地等待跑位球员的跑动,也可以是处于运球状态中,并且尽量吸引防守球员上前抢断。插入的球员要做到速度快、突发性强,同时注意不要陷入对方的越位陷阱。

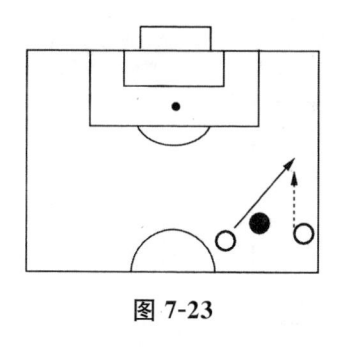

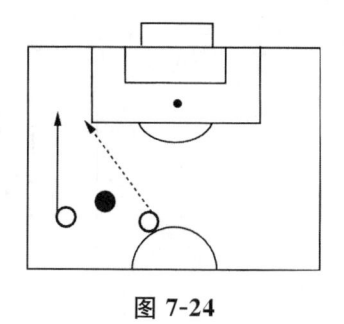

图 7-23　　　　　　　　图 7-24

(2)踢墙式配合二过一

踢墙式配合二过一,顾名思义,好似自己与墙做了一次反弹球的配合,而这个"墙",就是自己的同伴。这是一种通过两次传球避开对方防守的进攻战术(图 7-25)。

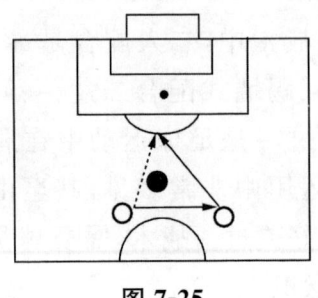

图 7-25

①对持球队员的要求:运球靠近防守队员以吸引其上前防守,这会给跑位球员留下更多的空当。传球方式以地滚球为主,以使跑位球员能舒服地接球。传球完成后继续跑位。

②对接应队员的要求:摆脱自己防守人后向运球球员靠近,接球与传球一气呵成,要尽量减少球在脚下停留的时间。传出的球要计算好提前量,一般以传地滚球为主,特殊情况可选择搓传球。传球完成后继续跑位。

(3)回传反切二过一

回传反切二过一在中前场的配合中经常使用,这是解决本方球员背身拿球不利于进攻的方案。该配合是通过三次传球构成的(图 7-26)。

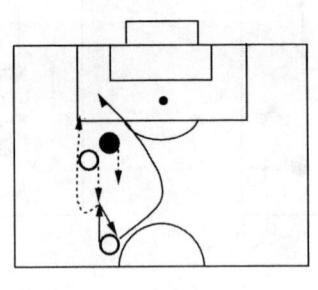

图 7-26

①对持球队员的要求:运球到与接球球员的适当位置后将球传到接球球员的脚下,等待对方的回传,在接到回传后,立即将球

传到防守球员的身后空当位置。这对传球球员的传球准确性是一个很大的考验。

②对反切队员的要求：做回撤接球的假象，诱使防守球员紧逼，回传的球要以地滚球为主，且要回传到同伴脚下。完成回传后，迅速转身插入空当区域等待接球。

(4)交叉掩护二过一

交叉掩护二过一是依靠两名进攻队员的运球和掩护技术避开对方防守球员的一种战术配合(图7-27)。这种战术的运用会大大干扰防守球员对防守对象的判断，有一定概率出现漏防情况。

图 7-27

(1)对持球队员要求：用远离防守人一侧的脚带球，这样可用身体将防守人与球隔开。交接球时动作要逼真，速度快，交接完成后继续跑位。

(2)对接球切入队员要求：靠近运球同伴，做出意图接应的假象，然后看准时机突然起动，接球后从反方向越过防守球员。

2. 三人局部进攻配合

三人进攻配合，一般指在局部区域由 3 名进攻队员攻击两名防守队员(即 3 对 2)的战术配合方法。它与两人进攻配合相比，具有进攻面广、传球点多、战术变化大的特点。对防守方的威胁也较大。因配合是由 3 人组成，通常是由"打第二空当"和"连续二过一"来完成的复杂性和困难程度比两人配合大，对队员的要求也更高。

(1) 打第二空当

所谓第二空当,是指当一名进攻队员跑向一个有利的空当(第一空当)并牵制一名防守队员时,原区域出现了空当(第二空当),第二个进攻队员迅速插向第二空当,利用传接配合突破防守。

打第二空当配合对3名进攻队员的基本要求:

①扯动要逼真,能将防守者从原防守的位置上吸引开来,以形成空当。

②接应者应及时摆脱,迅速插向空当。

③传球者要掌握好传球的时机与传球的落点,使拉扯、切入、传球做到一气呵成,恰到好处。

④要根据比赛场上的实际情况善于变化,打第一空当与打第二空当或第三空当相结合,使守方防不胜防,以起到更佳的效果。

(2) 连续二过一

连续二过一至少由两组二过一配合组成。在三人配合时应做到:

①三名进攻队员的位置基本上呈三角形。

②两名无球队员不能一起跑向同一个点造成位置重叠。

③控球者在传球前应注意观察,选择最有威胁的进攻配合。

(二)整体进攻战术

整体进攻战术是指为了完成进攻战术任务所采用的全局性的进攻配合方法。整体进攻战术涉及的人员比较多,是全队协调一致的行动,体现了一个队的进攻实力和配合能力。

一次完整的整体进攻是由发动、发展和结束三个阶段组成的。发动阶段是获得球、控制球、传球的进攻阶段;发展阶段是整体的无球跑动和有球配合迅速展开的全面进攻阶段;结束阶段是传中、运球突破、传切配合等形式创造的射门和包抄、补射等攻击对方球门的进攻阶段。

依据进攻的区域可分为边路进攻、中路进攻和转移进攻;依据进攻的速度,可分为快速反击进攻、层次进攻和破密集防守进攻等。

1. 边路进攻

边路进攻,是那些在对方半场的两侧展开的进攻战术。这种战术的优势在于能充分利用场地的宽度,以此做战术文章,反复牵扯对方的阵型移动,从而寻觅进攻良机。另外,边路是对方防守人员相对最少的区域,经常会由于防守保护和补位不到位,或单兵防守能力差而被突破成功,创造射门机会。

（1）边路下底的方式

边路运球突破（图 7-28）的方式主要为由中场球员 A 传球给边路球员 B,B 接球后运球突破防守队员 C,完成下底。另一侧也如法炮制。

前卫套边配合（图 7-29）有两种方法。第一种为由中场球员 A 传球给边路球员 B,B 接球后与同伴 C 做踢墙式二过一,套边摆脱防守队员 D,B 接球后沿边路下底。第二种为由中场球员 E 传球给边路球员 F,F 接球后再回传给 E,然后迅速空切下底,E 再传球给 F,F 沿边路下底。

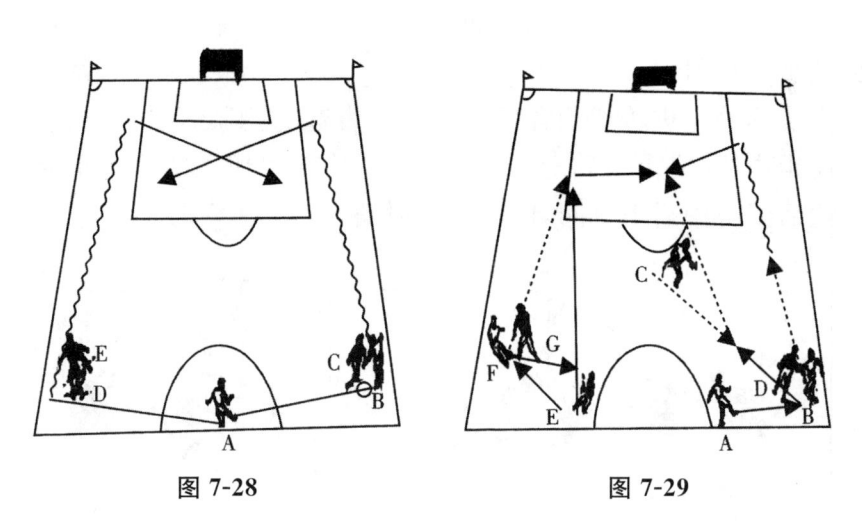

图 7-28　　　　　　图 7-29

（2）边路传中的方式

边路传中的方式主要有外围传中、边路传中、下底回扣传中和两肋楔进传切配合四种。

①外围传中(图 7-30)的起球点在禁区线的延长线附近。选择外围传中的时机有两个,一个是遇到逼抢无法完成下底,另一个则是本方锋线球员跑出了明显空当。

②边路传中(图 7-31)的起球点是在边线和禁区线中间的区域。这种传中方式的运用主要是对方已经构筑好了防线,需要从边路区域对对方阵型进行拉扯,然后利用边路传中制造射门机会。

图 7-30

图 7-31

③下底回扣传中(图 7-32),也被称为"倒三角"传球,其起球点与边路传中的位置大致相同,但传球的路线是向回的,然后中路球员抢点射门。

④两肋楔进传切配合(图 7-33)的发起点为禁区角的位置,由边路走内线,或由中路分球到边路时,其妄图切入的位置是对方的边后卫与中后卫之间,以此伺机射门。

图 7-32

图 7-33

(3)边路传中的最佳时机

①攻守双方的跑动方向一致时。

②对方边后卫被突破,且中后卫尚未封堵住传中路线时。

③对方后卫线与守门员之间还有较大空间且本方球员能及时赶到时。

④对方守门员选位不当时。

⑤本方球员已跑到有利的进攻位置时。

(4)边路传中球落点的选择

①若是传前点或中点位置的球应低平有力,以利于队友头球攻门能借助上来球的力量;若传后点球则应确保球有一定的高度越过对方的防线。

②为了丰富传球的落点,可用踢弧线球技术传中,以干扰守门员的判断和对方防线的稳固。

2. 中路进攻

中路进攻,是在对方半场中路区域展开的进攻配合,其特点为可投入的人数多、层次多、射门机会多、射门角度大等。但由于中路正好也是对方重兵布防的区域,因此中路进攻要想成功并不容易,需要进攻球员有足够的传切技术和配合能力。

中路进攻的方式主要有以下几种。

(1)运球突破:在中路区域由控球能力出众的球员一路运球在狭小的区域内闪转腾挪,过掉对方整条防线后射门。

(2)踢墙式二过一配合:在对方防守的中路区域做两人或三人的小范围踢墙式二过一配合。要求传切灵巧,速度快,传球的方向要让对方捉摸不定,避免二过一配合太过机械。

(3)运球交叉掩护配合:前锋与前卫或边锋球员假借向外运球的时机交叉换位,得到掩护的球员持球突破与同伴做配合或射门。

(4)回撤反切配合:中锋回撤拿球回做,以此吸引对方中卫上提,留下身后空当,然后中锋反切接球,与同伴做配合或射门。

(5)横扯插上配合:中锋在对方的防线上做左右横拉以牵扯

对方后卫的注意力,当对方两名后卫之间出现较大空当时由前卫球员插上持球做配合或射门。

(6)头球摆渡配合:中锋在接外线吊球后头球摆渡给队友,队友得球后做配合或射门。

3. 转移进攻

转移进攻是指中路进攻受阻转移到边路组织进攻,或者边路进攻受阻转移到中路或另一侧边路组织进攻。转移进攻的特点是充分利用场地的空间,及时转移攻击点,迫使对方防线横向扯动,出现空当,从而成功地突破防线。

转移进攻的要求具体如下。

(1)进攻受阻的明显标志是局部防守人数明显超过局部进攻人数,而且防守能力很强,进攻难以奏效,应及时转移。

(2)队员的视野要广,转移进攻点的意识和观察分析、审时度势的能力要强,才能及时把握转移的时机。

(3)转移进攻最好有组织者和信号,组织者一般是突前前卫或拖后前卫。进攻受阻时及时回传给他,这就是信号,并由他及时转移进攻点。

(4)转移进攻全队思想要统一,行动要积极。特别是一侧边路进攻转移到另一侧边路进攻时。前卫、边后卫要及时插上,进攻才会收到良好的效果。

4. 快速反击进攻

快速反击是本方成功防守后在得球的第一时间即刻发动快速进攻的战术。这种战术利用的就是对方在进攻时阵型的前压导致后场留下了大片空当,此时若快速将球打到这个区域,由速度型球员接球突破或配合,如此能够对对方的球门形成最大的威胁。由此可见,一次成功的快速反击进攻应具备守攻转换快、推进快和传球次数少等条件。

成功的快速反击应关注到如下事宜。

(1)传球速度快,多采用长传球和直传球,减少或避免横向传球。

(2)全队要有坚决的打反击的意识和执行力,做到由守转攻的快速一致。为此,在日常训练中要做有针对性的训练,以期形成较为固定的反击套路和固定参与球员。

(3)若在中、前场区域完成了抢断,则应第一时间尝试突破,给对方防线施加最大的压力。

5.层次进攻

层次进攻所面对的是对方已经构筑好的防线,就此采用的有组织、有步骤的进攻战术配合。这种进攻战术的特点为有充足的组织时间,进攻方可任意选择进攻方向和进攻手段,以此谋求逐层渗透的战术目的。

6.破密集防守进攻

破密集防守进攻应对的是对方的收缩防守战术。进攻密集防守可谓是一个"世界级"难题,当进攻密集防守受挫时,进攻方的防守端还可能被抓住空当被打反击。因此,在破密集防守时要有耐心。

(1)破密集防守的进攻方法

①充分利用场地宽度:充分利用边路进攻,从对方防守薄弱的区域做文章,以削减其中路人员的密集程度,以获得射门机会。

②二过一配合:在小范围内做连续的二过一配合。

③插上远射:远射是破密集防守的又一利器。由于对方在禁区附近收缩防守,使得不论是边路进攻还是中路进攻都有很大的难度,但由于其收缩得比较厉害,所以在禁区外 25 米至 30 米的位置采用远射,是不容易被及时防守的。

④任意球配合射门:定位球是破密集防守的好机会。因此,当遇到禁区前的任意球,角球等定位球,好充分利用。

(2)破密集防守的进攻要求

①坚定阵地进攻思想,保持耐心,发现机会要及时抓住。

②要尝试多种进攻方式,以让对方不能猜到下一步的进攻意图。

③即便面对密集防守,也要尝试多跑动、多穿插,加快传球倒脚的速度,遇到难得的射门机会要果断射门。

二、防守战术

(一)局部防守战术

足球局部防守战术是指两个或两个以上防守队员之间的配合方法。它是集体防守战术的基础,基本配合形式有保护、补位和围抢。

1. 保护

保护是指选择适当位置,协助同伴逼抢持球对手,并阻止对方突破的战术配合行动。保护队员给同伴心理上和行动上的支持,使其无后顾之忧,全力以赴紧逼持球队员。一旦被持球队员突破,保护队员可及时补防,堵住进攻路线或夺回控球权。如果同伴夺回控球权,保护队员可及时接应发动进攻。

运用保护战术的要求具体如下。

(1)保护队员与逼抢队员的距离是动态变化的,并不断调整位置,根据不同场区应有所不同。后场3~5米;中前场4~8米。根据持球队员的不同特点也应有所变化,对技术型队员距离应近些,对速度型队员距离应稍远些。

(2)保护队员选位要根据同伴封堵方向随时调整自己的角度。如果同伴堵内放外,保护队员选位角度偏向外线;如果同伴堵外放内,保护队员选位角度应偏向内侧,配合同伴形成夹击之势。

（3）保护队员还应根据双方人数的多少采用不同策略。二防一时，一人阻挡对手，另一人找机会断球，确保断球成功；二防二时，既要保护同伴防突破，又要兼顾自己应盯防的对方接应队员；二防三时，主要是延缓对方进攻速度，为同伴争取回防时间。

（4）保护队员还要通过语言指挥同伴抢截和选位，同时让同伴知道自己的保护位置，使防守配合更加协调、有效。

2. 补位

补位是指同伴在防守中出现漏洞时，防守队员为弥补漏洞所采取的相互协助的战术配合。在比赛中，同伴间的相互补位，可以有效地遏制和破坏对方的进攻行动，变被动为主动。

（1）补位的形式

①弥补插上的卫线队员的防守空位。当前卫或后卫队员插上进攻退守不及时，临近的队员应暂时弥补他的空位，以防对方利用这一空当进行快速反击。

②相互补位。当同伴被突破后，保护队员要及时补位防守，将球夺回来或阻断其进攻路线。被突破的队员应立即后撤选择适当位置转化为保护队员。

③替守门员补位。守门员出击时，后卫队员要及时回撤到球门线附近选位弥补守门员的位置，防止守门员出击失误，对方突然射空门。

（2）补位的注意事项

①就近补位。需要补位时，最好是在邻近位置的两名队员之间进行相互补位，尽量避免牵动更多的防守队员交换位置，以免打乱防守队形。

②避免罚球区及附近的危险区域出现空当。

3. 围抢

围抢是指两个以上的防守队员突然、快速、有效地多方位夹击对方控球队员，把球抢夺回来或破坏的战术配合。

(1)运用围抢战术的要点

①在局部范围内,守方人数占有优势,而且距离较近,应行动统一,果断围抢。

②被围抢的队员尚未控制好球时,或者他附近没有接应队员和传球路线时,应及时围抢。

③在守方球门附近,进攻队员接球、运球、射门时,应坚决围抢、封堵。

(2)围抢的注意事项

①务求围抢成功,避免被突破造成被动局面。

②围抢时以贴身逼抢方式为主,但切不可犯规,特别是在球门前,避免被罚点球。

(二)整体防守战术

整体防守战术是指全队采取的防守战术。整体防守战术按形式分为人盯人防守、区域盯人防守、混合盯人防守和密集防守。按打法分为向前逼压式打法、层次回撤式打法和快速密集式打法。

1. 以形式分的整体防守战术

(1)人盯人防守

人盯人防守是一种除自由人以外,其他每个队员都有固定盯人对象的防守形式。这种打法的突出特点是在整个比赛过程中,每一名进攻队员时时刻刻都处于防守队员的盯防压力之中。人盯人防守时应注意下列要求:

①每一队员紧盯自己的防守对象,丝毫也不放松,有较强的个人作战能力。

②同伴要相互协作。当同伴盯人失误时,邻近队员迅速、灵活补位,以保全整体人盯人防守的严密性。

③每一防守队员必须有较好的体能,且精力集中,意志坚强。

(2)区域盯人防守

区域盯人防守是指每一防守队员负责一定的活动区域的防

守任务,当进攻队员进入该防区时,区域防守队员实施严密盯人,以控制进攻者在此区域的一切有效行动。

区域盯人打法明确规定了每一防守队员的任务,但同伴间仍需必要的协作,当某一区域盯人防守失败时,邻近队员应及时补位,被突破防守队员应及时地与他换位,以求得整体防守的有效性。

当一个队运用区域盯人防守打法时,需特别注意对各区域交界处的防守,以防因为对交界处防守职责不明而给进攻队员带来可乘之机。

(3)混合防守

混合防守是人盯人防守和区域盯人防守交织一体的防守打法,它的最大特点是能根据对手情况,灵活地将人盯人防守和区域盯人防守的优点充分运用,以提高全队防守的效益。

混合防守通常是选择个人作战能力强且体能好的队员采用人盯人防守盯住对方的核心队员,限制其水平发挥,其他队员则多采用区域盯人防守。比如,对方队的进攻主要靠两前卫组织和插上,这时防守队就可以用两名队员紧盯对方这两名前卫,其余队员采用区域盯人。

混合防守时必须明确下列两点:

①在防守时,紧盯对方核心队员,但在本方进攻时,则应当积极参与进攻。

②尽量避免用本队的核心队员作盯人防守队员,即使位置对应也应避免。

(4)密集防守

密集防守是一种以缩小防守区域,将防守人较多集中在门前危险区域内的防守战术。密集防守的特点为防守人数多,防守面积小,防守重点性强。这种防守给进攻方带来的阻力是巨大的,正是因为防守过于密集,所以导致进攻方很难有效利用空间,进攻效率大降。但是,采取密集防守的球队可以说是几乎放弃了进攻,一般只在中场位置留有一两名球员负责抓反击机会。所以,这种防守战术多在双方实力差距较大或取得领先想在最后时段全力防守保住胜果时使用。

密集防守战术要求球员全力后撤,构筑好防线。当防守成功获得球权后,则以快速长传找锋线球员为主。

2. 不同打法的整体防守战术

(1)向前逼压式打法

向前逼压式打法是在本方进攻丢球后并不在第一时间后撤,而是就地展开逼抢,对对方组织进攻的空间进行压迫,组织对方快速反击战术的实施,若能成功抢断,还可迅速由守转攻,给对方施加压力。

向前逼压式打法的要求具体如下。

①要贯彻给全队"全攻全守"的意识。决定球队进攻与防守的标志就是控球权,有球即攻,无球即守。中场球员无疑是攻守转换的枢纽,因此消耗的体能也是最大的,但即便如此,在由攻转守后也要第一时间参与到防守之中。

②队形要始终保持紧密。密集防守最重要的一点就是要始终保持阵型的紧密度,这是实施战术的核心,也是给对方制造麻烦的原因。

③具备良好的体能和顽强的意志品质。在足球运动中,防守始终是一种被动的应对措施,进攻方占有主动权,并通过球的传递来牵扯守方的注意力和跑动。因此,在采取密集防守战术时球员的身心都要付出较大的能量,但只有如此,才能展现出战术效果。

(2)层次回撤式打法

层次回撤式打法是在进攻丢球后进行的有组织、有层次地回撤防守,最终形成稳固的防守阵型的战术。这种打法与整体回撤和整体前压都不相同,特点为分层次、有步骤、有组织的逐层防守。层次回撤式防守战术主要由三个层次构成,第一层为丢球后临近球的球员,该球员立刻对对方持球人进行逼抢,其他附近球员则采取人盯人的方式堵截持球进攻球员的出球线路,以减慢对方的进攻组织,为本方的回撤争取足够的时间;第二层是其他防守球员迅速回位,站好阵型,同时要兼顾球的运转方向有意识地组成有纵深的队形;第三层是在防守得到了稳固后力争的积极性防守,争取获得球权,变守为攻。

(3)快速密集收缩

快速密集式打法是本方进攻被抢断后,临近球员就近防守,其他球员全部快速回撤构筑防线的战术。此打法在实力差距较大的两方中的弱方的使用较多,或是领先后为了保住胜利果实时所采用。

三、定位球战术

定位球战术,通常是围绕获得的定位球等展开的攻防战术。定位球主要是一种重新开始比赛的发球方式,包括点球、任意球、角球、界外球、中圈开球、球门球等。其中,角球和任意球是被围绕打造战术最多的定位球。有时双方在阵地战中无法找到破门的机会,而此时获得的定位球机会也许就是打破僵局的钥匙。这里主要对任意球和角球的攻防战术进行指导。

(一)任意球进攻战术

禁区附近的任意球无疑对球门的威胁最大,这是因为这个位置的任意球可以直接射门,也可通过配合威胁球门。

对获得的禁区附近的任意球来说,其展开原则应为简单实用,若能射门则应选择直接射门,若直接射门有困难,再考虑选择战术配合,即便选择配合,配合的设计也不应过于复杂。下面对禁区附近不同位置的任意球的进攻方法进行说明。

1.罚球弧区域的任意球进攻

这一区域的任意球对对方球门构成了较大威胁,常用方式为直接射门或一拨一射。

(1)直接射门。由队内脚法最出众的球员担任主罚手,通常选择的射门点为人墙后的近点,即远离守门员的一侧。通常在主罚直接任意球时,球员会选择踢弧线球,以使球更容易绕过对方的人墙进门。

(2)一拨一射。采取一拨一射的战术配合以避开对方排列缜密的人墙,但在射门时通常以大力射门为主。

2. 禁区角及禁区两侧位置的任意球进攻

(1)直接射门。由队内脚法最出众的球员担任主罚手,利用踢弧线球技术直接射门,射门点为前门柱或后门柱。

(2)传球配合射门。主罚球员将球传至门前同伴抢点射门,或与队友做战术配合伺机射门。

(二)任意球防守战术

排人墙是防守禁区附近任意球的重要方式。为了使人墙发挥出应有作用,在排列时应注意做好以下几点。

(1)守门员是指挥人墙排列的主导者,人墙排列的方向、位置、人数都由守门员来决定。通常情况下,人墙要安排在球摆放位置的近角。人墙的排列要不能阻碍守门员的视线。

(2)参与排人墙的队员之间的距离要紧凑,彼此相贴,不能留有缝隙。

(3)当球罚出后,人墙可选择跳跃或维持不动,以此阻挡球向球门飞行的路线。另外,为了避免人墙的跳起给了对方打贴地球的机会,在排人墙时可安排一名球员躺在人墙后。

(三)角球进攻战术

角球是一种对球门有着较大威胁的定位球。就角球战术来说,有短传角球和长传角球两种。通常以选择长传角球战术居多。

1. 短传角球

短传角球顾名思义就是利用短传的方式打出边路或变种结合的战术，从而寻觅射门机会的战术。短传角球也常被成为"战术角球"。

2. 长传角球

长传角球则是将球以长传的方式发到球门的前、中、后或禁区弧顶等方式，由同伴伺机包抄射门的战术。长传角球战术在训练中要进行特殊设计，以使战术更加成熟，有效率不断提升。

(四)角球防守战术

在防守角球时，防守队员要迅速落位，构成兼顾的防守体系。若采用盯人防守，则应尽快找到自己要盯防的进攻队员。此外，还应做到如下几点。

(1)如果采用人盯人防守，则要做到人球兼顾，对球门前埋伏的进攻球员要格外留意盯紧，只看球不看人或只看人不看球都是不可取的。

(2)安排两名球员把守球门柱。若守门员出击，这两名队员则应适当往球门中部靠近以补防球门。

(3)防守队员应确保自己处于正确的防守位置，做到自己的位置始终在对方和球门之间。

第八章　校园足球"学训一体化"之游戏学练

运动员要想提高自己的运动水平,需要经过长期的坚持不懈的训练,在这一训练过程中,训练活动是非常枯燥的,因此教练员要设计能激发运动员兴趣的训练方法和手段,这样才能保证训练的效果。其中,游戏性训练就是较为有效的训练手段。

第一节　传接球游戏

一、火车穿山洞

(一)游戏目的

这一游戏的主要目的在于训练和提高学生传地滚球的力度与准确性。

(二)游戏准备

一块足球场地或平坦的操场;2个足球。

(三)游戏方法

(1)所有学生按人数平均分为两队,队首学生持球;各队剩下的学生两腿开立、站成一列。

(2)队首学生与本队其他学生相对站立。

(3)游戏开始,队首学生迅速将球从同伴裆下传过,然后迅速站队首,队尾学生接球后运球到原传球者的位置。

(4)各队队员依次做传球、接球和运球动作,先完成比赛的队伍获得胜利。

(四)游戏规则

(1)不限制踢球的方法,但传出的球必须要经过同伴裆下传至最后一人,否则视为犯规,要重新开始。

(2)传球过程中不能用手或脚接触球。

(4)传出的球未达到最后一人,应重新传球。

(五)注意事项

(1)可以采用限定或不限定传球技术的方法比赛。

(2)要尽量放宽双腿间距离或调整队员间的距离增加或减少游戏难度。

(3)传球时要注意安全,避免踢伤旁边的同伴。

二、投篮比赛

(一)游戏目的

这一游戏的主要目的在于提高学生凌空传球的力度和准确性。

(二)游戏准备

足球场地半块,足球20个,球筐2个。

(三)游戏方法

(1)所有学生均分为两队,成纵队站好。

(2)每队选一名学生负责传球。

(3)距离纵队有一定距离的地方放置一个篮筐,传球的学生站在篮筐后。

(4)传球者大力传球给本队位于队首的同伴。

(5)队首学生接球后,快速将球踢回,要求踢进篮筐内,不进者重新踢。

(6)各队依次进行,球落入篮筐次数多的队获胜。

(四)游戏规则

(1)踢球学生接到球后,应尽量快地将球踢回。

(2)踢球学生应在原地踢球,不得助跑。

(3)抛球学生可配合本队队员进行二次补踢球,使球落入篮筐,但球着地后不能再继续踢。

(五)注意事项

(1)篮筐与球队队首学生的距离可以适当地调整。

(3)可限定或不限定传接球技术方法。

三、绕圈传球

(一)游戏目的

这一游戏的主要目的在于提高学生传球的准确性。

(二)游戏准备

一块足球场地,若干标志旗,足球。

(三)游戏方法

(1)画一个大的圆圈,圈内随意插数面旗子。

(2)全体学生均分为两队,队员交叉站在圈外。

(3)每个队都有一半队员持球,并记住自己所对应的同伴。

(4)游戏开始,全体逆时针绕圈跑动,并伺机通过圆的直径传给自己的同伴。

(5)顺利传给同伴得1分,规定时间内,传球成功次数多者的队获胜。

(四)游戏规则

(1)传球时,球不得碰倒旗子,碰倒的旗子由传球者负责竖起。

(2)所有人必须在圈外跑动和传球。

(五)注意事项

(1)可以根据学生现有的实际水平,合理地调整圈内旗子的数量。

(2)传球脚法可以做相应的调整。

四、节节高

(一)游戏目的

这一游戏的主要目的在于提高学生传球的技术水平。

(二)游戏准备

足球场地一块,足球若干个。

(三)游戏方法

(1)所有学生列一纵队,每人1球。
(2)由队首的学生开始,每人做两次传球,一次高传球、一次低传球。
(3)规定时间内传球次数多者获胜。

(四)游戏规则

(1)运用正确的手形保持好击球点做自传。

(2)高低两次传球高度应有明显差别。

(3)高传球时,球的飞行弧线最高处应距地面超过3米。

(五)注意事项

(1)结合具体实际情况可以适当调整球飞行的高度。

(2)传球要准确,否则视为无效,不计入次数。

第二节　控球游戏

一、蚂蚁搬家

(一)游戏目的

这一游戏的主要目的在于培养和提高学生快速准确的运球能力以及对球的控制能力。

(二)游戏准备

一块标准的足球场地,足球若干个。

(三)游戏方法

(1)在足球场上画一个直径为10米左右的圆圈,圆圈周围若干个"窝"。

(2)队员站在各自"窝"内,游戏开始后,迅速将圆圈内的球运到自己的"窝"内。

(3)在规定的时间内,"窝"内球数量多者获得胜利。

(四)游戏规则

(1)所有队员站在自己"窝"内,不能去抢其他人"窝"内的球,否则视为犯规。

(2)在运球时,任何人不能去阻碍或者截断他人的运球。

(五)注意事项

(1)可以根据学生的具体实际情况,适当地调整足球场圆圈的大小或者增减足球的数量。

(2)学生在运球过程中要注意安全,避免发生冲撞导致运动损伤。

二、运球接力

(一)游戏目的

这一游戏的主要目的在于培养和提高学生快速运球行进以及掌控球的能力。

(二)游戏准备

足球场地一块,足球若干个。

(三)游戏方法

(1)全体学生按人数均分为两队,在起始线后站好。

(2)游戏开始,两队排头运球前进,将球放在正前面的远方的圆圈后,迅速跑回,击拍本队第二人手掌,回到队尾,第二人开始出发运球。

(3)各队队员按照以上步骤依次进行,先完成比赛的队伍获得胜利。

(四)游戏规则

(1)学生在运球过程中,始终将球控制在脚下,不得直接踢远跑进。

(2)到达终点与同伴击掌后,同伴才能出发,否则视为犯规,重新开始。

(五)注意事项

(1)根据学生的运动基础,可以限定运球脚法。
(2)根据学生的技术水平,可以适当调整运球的距离和时间。

三、运球追捕

(一)游戏目的

这一游戏的主要目的在于提高学生随意运球的能力和技巧,提高对球的精确控制能力。

(二)游戏准备

一块平整的足球场地,足球20个。

(三)游戏方法

(1)全体学生分成人数相等的两队,每人一球,一队为追捕方,另一队为逃跑方。运球者为追捕方,无球者为逃跑方。

(2)在场地规定圆圈内活动,游戏开始后,追捕方运球并用手捕捉逃跑方,逃跑方尽力躲避。

(3)被捉者离开场地,直到所有学生被捉到。

(四)游戏规则

捕捉逃跑方用时较短的队伍获得比赛胜利。

(五)注意事项

(1)可以根据具体实际情况,限定或不限定运球的方法。
(2)可以根据学生数量的多少,确定圆圈场地的大小。

四、防守运球

(一)游戏目的

这一游戏的主要目的在于提高学生运球时的控制球能力和防守移动能力。

(二)游戏准备

足球场半个,足球10个。

(三)游戏方法

(1)在场地中央画一个大圆圈。圈内每两人一攻一守,防守者抢到一次球得2分。
(2)规定比赛时间,在规定时间内得分多者获得胜利。

(四)游戏规则

(1)只用一个球,各组可互相配合掩护抢球。
(2)必须在圆圈内展开攻防,出圈者会受到警告。

(五)注意事项

(1)可以根据学生的足球运动基础,限定或不限定运球方法。
(2)根据学生数量确定足球场内圆圈的大小。
(3)抢断球时允许合理冲撞,但要注意运动安全,避免运动损伤。

第三节　踢球游戏

一、骑马打仗

(一)游戏目的

这一游戏的主要目的在于发展学生的腿部力量,培养学生的意志力,提高学生协同作战的能力。

(二)游戏准备

一块标准的足球场地或平坦的操场,足球若干个。

(三)游戏方法

(1)所有学生按人数相等分为两队,两人一组,一人肩上背另一人。

(2)游戏开始后,背人者运球,背上的人努力将对方上面的人拉下"马"。

(3)规定时间内,场上剩余的"马"多的队伍获得胜利。

(四)游戏规则

(1)背上的人,只许拉扯对方的手、肩部。

(2)被拉下"马",退出游戏。

(3)球不能远离背人者,要保持正常的范围内。

(五)注意事项

(1)根据学生的具体情况,可限定双方对抗的区域,并合理控制对抗人数。

(2)注意游戏中的安全,避免运动损伤。

二、争分夺秒

(一)游戏目的

这一游戏的主要目的在于让学生体会踢球时脚触球的感觉、角度、力度,培养和提高学生的"球感",提高对球的控制能力。

(二)游戏准备

一块标准的足球场地,足球若干个。

(三)游戏方法

学生围成一个圆,中间放一个足球,指定一人为1号,顺时针报数,顺时针慢跑,教练给出十以内加减法算式,与算式结果相同号码的学生快速入圈,进行1分钟颠球,颠球结束,游戏继续,每个人都颠球后,数量多者获得胜利。

(四)游戏规则

(1)学生要用脚颠球,不限定颠球的部位。如脚内侧、脚外侧、正脚背颠球皆可。
(2)要保证正确的触球部位,技术动作要规范和合理。
(3)出现颠球失误时重新开始计数。

(五)注意事项

可以根据场地情况及学生具体实际适当地调整场地圆圈的大小。

三、击球出城

(一)游戏目的

这一游戏的主要目的在于发展和提高学生的手臂力量及射

门的精确度。

（二）游戏准备

一块标准的足球场地，足球若干个。

（三）游戏方法

（1）在场地上画一个大的正方形，这一正方形要尽可能的大，正方形中间画一个小的正方形为"城堡"，"城堡"中放一个具有标记的足球。

（2）全体学生分别站在大正方形边线外，每人拿一个足球准备开始游戏。

（3）游戏开始后，学生依次踢球击打小正方形中的球，使其滚出对面的正方形边缘。

（四）游戏规则

（1）学生要站在大正方形边线外踢球，不能跨越边线，否则视为犯规。

（2）击球时，必须要使"出城"的球越过大正方形边线。

（五）注意事项

（1）学生可选择大正方形任何一个边线外踢球，击中小正方形的球应越出与踢球者所站立大正方形边线的对面边线。

（2）可以根据学生的运动基础和能力，适当地调整大正方性的大小。

四、激情四射

（一）游戏目的

这一游戏的主要目的在于发展和提高学生的短传配合能力，

提高小范围内的配合意识。

(二)游戏准备

一块标准的足球场地,标志旗8根,足球若干个。

(三)游戏方法

(1)画一个正方形游戏区,4条边线中间各相距2米插2面小旗,组成4个球门。

(2)所有学生均分为两队。

(3)游戏开始,各队守两个相邻球门,争取向对方球门射门得分。

(四)游戏规则

(1)不设守门员,尽可能射门得分。

(2)在规定的时间内,射门得分多者获得比赛胜利。

(五)注意事项

(1)可以根据实际情况适当调整球门的大小。

(2)可以采取限定或不限定学生射门脚法的方式。

第四节 头顶球游戏

一、连续顶球

(一)游戏目的

这一游戏的主要目的在于发展和提升学生的灵敏素质,提高其头顶球的能力,提高其高空控制球的能力。

（二）游戏准备

一块足球场地或平整的操场；准备足球若干个。

（三）游戏方法

(1)全体学生分为人数相等的若干队伍,各队呈纵队排列,相互间隔4米。

(2)每队选出一人抛球,抛球人距队首队员3米。

(3)游戏开始后,各队抛球人依次抛球,各队队员依次用头将球顶回。

(4)统计顶球次数,成功次数多者获得比赛的胜利。

（四）游戏规则

(1)抛球人接住本队顶回的球算成功一次。

(2)按规定的顺序依次做头顶球动作,不按顺序顶球者视为犯规,重新开始。

（五）注意事项

(1)队伍之间的距离可以根据实际情况适当的调整,扩大或缩小。

(2)根据学生的技术水平,可缩小或扩大顶球距离。

(3)根据学生的技术水平,可限定或不限定规定顶球方法。

二、迎面顶球

（一）游戏目的

这一游戏的主要目的在于培养学生迎面头顶球的能力,增强头顶球技术的稳定性。

(二)游戏准备

小足球场1个,足球若干个。

(三)游戏方法

(1)学生按相等人数划分为4队,在足球场地上画两条相距2～4米的横线,4队学生分别纵队排列在横线两端,两两相对,相对的两个队为一组。

(2)游戏开始,横线后相对站立的排头同学配合,一人持球抛球,一人头顶球,完成抛球—顶球后,回到队尾,换下一名同学。

(3)各组队员按顺序依次进行,顶球成功次数多的组获得比赛胜利。

(四)游戏规则

(1)学生在做头顶球动作时,不能踏线,否则视为犯规。

(2)在顶球动作时不能干扰他人,否则就要受到惩罚。

(五)注意事项

(1)根据具体实际情况,可以缩小或扩大顶球的距离。

(2)根据学生的足球技术能力,可限定或不限定顶球的方法。

三、顶球接力

(一)游戏目的

这一游戏的主要目的在于使学生体会跑动中球触前额的部位,提高头顶球的技术能力。

(二)游戏准备

一块足球场或平整的操场;足球若干个;标志杆4根。

(三)游戏方法

(1)所有学生均分为两队,两队纵向排列在始发线后。

(2)游戏开始,从队首学生开始,头上顶一个足球跑进,到对面标志杆后顶球返回,与第二人击掌后,将球交给下第二人,第二人出发,各队员依次进行。

(3)在规定时间内,率先完成比赛的队伍获胜。

(四)游戏规则

(1)顶球前进过程中,如果球掉下,需要重新开始。

(2)在顶球行进的过程中,手不能扶球,否则视为犯规。

(五)注意事项

(1)足球充气不要太足,以免破坏游戏的流畅性和增加游戏的难度。

(2)可以根据学生的足球技术水平,适当调整跑动距离。

四、头顶球射吊环

(一)游戏目的

这一游戏的主要目的在于提高学生头顶球的稳定性,提高头顶球的技术能力。

(二)游戏准备

吊绳1～2根,呼啦圈2～3个,2人一个足球。

(三)游戏方法

(1)选择合适的高度设置吊环。

(2)各队学生站在相对应的吊环的始发线后,每人一球,自抛自顶球或顶同伴抛球,使球穿过吊环。

(3)各队队员依次做头顶球射吊环的动作,成功次数多者获得胜利。

(四)游戏规则

(1)所有的人必须站在始发线后做头顶球动作。

(2)自己抛球顶进吊环者每次得1分。

(3)顶同伴抛的球进吊环每次得2分。

(五)注意事项

(1)吊环的大小可以根据实际情况进行适当的调整。

(2)吊绳的高低也可以根据游戏要求进行适当的调整。

(3)注意游戏中的安全。

第五节　守门员游戏

一、炮轰守门员

(一)游戏目的

这一游戏的主要目的在于提高守门员的扑救能力与反应能力。

(二)游戏准备

一块标准的足球场地,底线上设置标准球门。禁区线放置多球。两名学生轮流射门,守门员扑救。

(三)游戏方法

射门队员向前助跑,尽最大力量射向球门。守门员完成扑救动作的同时,另一名队员开始助跑准备射门。要给守门员足够的时间选位和准备。射完左右的球为止。

(四)游戏规则

守门员每次救球成功得1分。射门者射入球门得两分。进行5轮比赛后,得分多者获胜。

(五)注意事项

效仿正式比赛,守门员的球衣要符合比赛标准,以免受伤。可以根据实际情况合理地调整射门的距离。

二、抓金块

(一)游戏目的

这一游戏的主要目的在于提高守门员在对方突破情况下的封堵和扑救能力。

(二)游戏准备

一块标准的足球场地,每名队员准备1个足球。

(三)游戏方法

控球者在中圈内带球,守门员采用鱼跃扑救的方式去抢脚下球,守门员在抢到球后,迅速返还球并继续游戏。守门员要力争抢到更多的球。

(四)游戏规则

守门员每次抢到球得1分,每局中得分多的守门员为胜方。游戏进行5局。

（五）注意事项

（1）根据具体实际合理调整场区范围，带球队员要有一定的人数限制，避免发生碰撞。

（2）守门员鱼跃扑救球时争取抓住球而不脱手。

三、切断传球

（一）游戏目的

这一游戏的主要目的在于提高守门员迅速倒地扑救各种球的能力。

（二）游戏准备

一块标准的足球场地，场地内画一个 15 码×25 码的长方形区域。5 名队员持球站于场地周边，两名守门员在场地中间。

（三）游戏方法

（1）传球者相互传球，传球必须沿着场地边进行。
（2）两名守门员采用跃出扑救的方式断球。
（3）守门员在抢到球后，立即将球交给队员，继续进行游戏。

（四）游戏规则

守门员每抢到球得 1 分，最终得分多者为胜方。

（五）注意事项

根据具体实际情况适当调整场区的范围。对于高水平的守门员，可以稍微扩大场区，反之则缩小一些。

第六节　攻守战术游戏

一、抢截"溜猴"游戏

(一)游戏目的

(1)培养和提高学生比赛中合理站位的意识与能力。
(2)提高学生战术配合中传接球的能力。
(3)提高学生比赛中抢截球的能力。

(二)游戏准备

(1)根据队员人数,为每5名队员用画线或标志桶摆放1个边长为15米的正方形场地。
(2)每块场地内准备1个足球。

(三)游戏方法

(1)将队员分成5人1组,其中4人在场地内站成1个正方形,另1人在正方形内准备抢截球。
(2)听教练员口令,教师鸣哨后,中间的抢球队员从正方形中心开始移动抢断球,四周的持球队员进行传接球配合,如果持球队员的球被抢球队员抢到或触到,以及传接球失误出边线,立即与抢球队员互换位置与任务,继续进行抢截球游戏,反复进行。

(四)游戏规则

(1)持球队员必须在正方形场地内传接球,如果传球失误或者被抢截队员抢到和触到球,就要与之互换位置和任务。
(2)如果抢球队员犯规,则视为无效,继续抢球。

第八章 校园足球"学训一体化"之游戏学练

（五）注意事项

(1) 可以根据队员技术水平，增加或减少1名传球队员。

(2) 可以根据实际情况适当地调整游戏的场地，缩小边长以增加难度或者3打1的方式提高游戏的难度，另外还可以限制传球队员的触球次数。

二、三球门对抗游戏

（一）游戏目的

(1) 提高学生在比赛中的观察意识与能力。

(2) 提高学生及时转移球的能力，以及合理摆脱对手的能力。

(3) 提高学生比赛中的盯人与协防能力。

（二）游戏准备

(1) 画线或用标志桶摆放边长35米的正方形场地，场内用标志杆或标志桶按三角形的位置设3个宽2米的小球门。

(2) 准备1个足球。

（三）游戏方法

(1) 将学生分为人数相等的两队，进攻队员持球。

(2) 听教练员口令，发球队从边线外上传球给场内的同队队员，另1队的队员进行全场紧逼盯人抢截。无论哪个队控制球后，控球队员都可以从3个球门中的任何1个球门的前面或后面射门得分，但是在1个球门不能连续2次射门或带球穿过球门得分。

（四）游戏规则

(1) 射小球门时，球高过膝关节不能得分，连续射进同1个小球门只得1分。

(2) 出界后用脚在边线上发界外球。

(五)注意事项

(1)根据具体实际可以适当调整场地和球门的大小。

(2)可以适当限制队员每次接球后触球的次数。

三、攻守阵地

(一)游戏目的

(1)提高学生比赛中快速回防盯人和协防的能力。

(2)提高学生比赛中摆脱接应和传球配合的能力。

(3)提高学生比赛中快速大范围转移球的能力。

(二)游戏准备

(1)画线或用标志杆摆放1个长40米、宽35米的场地,场地长边的两端线内,各画出3米宽的区域,作为双方的攻守"阵地"。

(2)准备1个足球。

(三)游戏方法

(1)将学生分为人数相等的两队,各队防守其中一端线内3米区域的"阵地",攻击另一端对方防守的3米区域的阵地。

(2)挺教练员口令,进攻队员从自己防守的3米区域的"阵地"内发球进攻,另一队立即进行盯人抢截,双方积极争夺控球权,力争攻到对方距端线3米的防守的"阵地"内,只要用脚踩住球1秒钟即得1分。然后由失球方在自己的"阵地"内,发球组织进攻,如果球出边线,在边线上用脚踢界外球。双方依此反复地进行攻守"阵地",直到游戏结束,得分多的队获得最后的胜利。

(四)游戏规则

(1)攻到对方防守的"阵地"区域,必须用脚底踩住球1秒钟以上才能得分,否则不得分。

（2）如有犯规，在犯规地点发球，如果在本队防守的 3 米区的"阵地"内，推对方的踩球队员犯规，则由对方得 1 分。

（3）如果球出界，在边线上 4 秒之内用脚将球发出去，否则发球超时犯规，改由对方踢界外球。

（五）注意事项

（1）根据具体实际，可以适当调整游戏场地和"阵地"的区域。

（2）可以根据学生的足球运动水平适当限制其每次接球后脚触球的次数。

第九章 校园"学训一体化"之学练效果的评价

校园足球训练是一个大的系统,系统内涵盖诸多的元素,除了体能训练、技战术训练、心理训练等各方面的内容外,对这些训练效果的评价也是重要的组成部分。通过足球学练效果的评价,能帮助教练员和运动员清晰地认识到训练中的不足和问题,从而及时地调整与完善训练方案,促进训练水平的提高,进而取得理想的训练效果。

第一节 校园足球运动员学练效果评价的意义与原则

一、校园足球运动员学练效果评价的意义

足球学练效果的评价是足球训练体系中的重要内容,运动员只有通过得到的评价反馈信息才能充分了解和掌握自己的训练情况,为接下来的训练奠定良好的基础。一般来说,足球运动员学练效果评价的意义主要包括以下几个方面。

(1)为教练员提供客观准确的训练反馈信息。通过足球运动员学练效果的评价能得出相对客观和真实的评价信息,通过这一评价信息,教练员能清晰地认识到教学与训练中的不足,进而及时地修改和完善训练计划。

(2)为运动员提供客观真实的评价数据,通过这些数据,运动员能清晰地认识自己的技战术水平,认识到自己训练中的不足,从而采取有针对性的措施和手段加以解决。

二、校园足球运动员学练效果评价的原则

(一)可操作性原则

足球教学评价的目的在于客观评价教学目标是否达成,而将种种小的教学评价汇总起来,也就成为了促进教学改革的依据,这些足球教学评价的功能都指向了其在运动中的简便性与可利用性。实际上,目前存在很多种评价手段与方法,其中有一些评价方法过于精细、严谨,且需要投入较多资源,虽然得出的的评价结果要更为精确一些,但是费时费力,可操作性不大,很难获得普及与推广。因此,校园足球运动员的学练评价一定要遵循可操作性的基本原则。

贯彻可操作性原则,需要注意以下几个方面的要求。
(1)评价指标不一定要多,但要保证质量和科学性。
(2)评价要从足球教学实际和需求出发,体现出一定的层次。
(3)评价人员要具备出色的专业素质和能力,保证评价工作的质量和效果。

(二)科学合理原则

科学合理是指足球教学评价工作要符合基本的教学规律,整个评价工作科学合理有效,能获得相对客观和真实的评价结果。其中,最主要的一点是能避免各种主观因素的影响。

贯彻科学合理的原则,需要注意以下几个方面的要求。
(1)制定不同级别校园足球教学的评价指标体系。
(2)加强足球教学评价的研究,确定科学合理的评价标准与体系。

(3)将现代教育研究和科学发展成果运用到足球教学评价之中,以此确保评价信息的收集和处理工作更加科学合理。

(4)制定合理的评价标准,评价内容要全面,不能仅仅只重视技战术评价,体能、心理、智能等评价也要纳入其中。

(5)针对不同类型的学生展开合理的评价,通过得出的评价结果,学生能获得自信和成功感,这对于激发学生学习足球的兴趣具有重要的意义。

(三)简易可行原则

运动员足球学练效果评价的主要目在于帮助教练员和运动员了解真实的训练水平,从而调整训练方案,促进训练水平的提高。训练效果评价的价值在于方便运用,有利于教练员和运动员共同操作。这就是足球学练效果评价的简易可行远着呢。

在校园足球运动员学练效果的评价中,贯彻简易可行原则需要注意以下几个方面的要求。

(1)评价指标要合理,制定的指标要便于评价活动的顺利开展。

(2)制定的评价指标要有利于教练员与运动员的共同配合。

(3)要建立一个科学、完善的评价机构,确保评价活动的顺利开展。

第二节　体能素质评价

体能素质在足球运动员的运动素质中占据着非常重要的地位,如果没有良好的体能做保障,则难以顺利地完成训练和比赛。运动员除了要加强体能素质的训练外,还少不了体能素质的评价。

第九章　校园"学训一体化"之学练效果的评价

一、身体形态的测量与评定

（一）身高的测定

受试者赤脚，以立正姿势站在身高计的底板上等待测量。为了保证测量的准确性，要求受试者要注意保持正确的姿势。

测试人员一般站立在受试者的右侧位置，将水平压板轻轻沿立柱下滑，轻轻压住受试者头顶。为了尽可能减小所测数据的误差，要求测试人员的测试过程必须是严谨的，比如，读数时，双眼与压板水平面要等高。测试人员将测试结果报告给记录员，记录员复述后记录。一般所用到的单位是厘米，精确到小数点后一位，测试的误差要保证不要超出0.5厘米。

（二）体重的测定

测试准备：测试之前要做好充分的准备工作，将杠杆秤放在平坦地面上，做好0点校准工作，以保证测试的精准度。

测试方法：受试者赤脚，为了保证测试的准确性，要求男性穿短裤、女性穿短裤和短袖衫站在秤台中央。测试人员通过砝码的放置与调整，并且移动游标到合适的刻度尺，使两者之间能够保持平衡。然后将以千克为单位的数据读出来，具体数值要精确到小数点后一位。记录员要对测试人员所报出的结果进行清晰的复述后准确记录。测试误差应该保证在0.1千克以内。

通过对学生身高和体重的测定，将具体数值代入公式：身体质量指数（BMI）＝体重（千克）/身高（米）的平方，即可得到该名学生的身体质量指数。

二、人体柔软度的测量与评定

测量方法：要求受测者将鞋子脱掉，然后在垫子上取坐位，两腿并拢,膝关节伸直,脚尖朝上。布尺要放在两腿之间,并且拉直。受测者足跟底部与布尺 25 厘米记号平齐。上身缓慢往前伸展,双手在前伸的过程中逐渐达到身体所能承受的最大限度,当中指触及布尺后暂停 1~2 秒所得出的数据才是有效、合格的测量数据。

评定:测量的次数为 3 次,将最佳值作为评估的依据。数值越高,柔软度就越好。

三、有氧适能的测量与评定

(一)心血管机能测定

1. 一次负荷测定

(1)30 秒 20 次蹲起

测量方法:受试者静坐 10 分钟,然后对其安静时的心率和血压进行测量,令其在 30 秒钟内匀速蹲起 20 次。为保证测量的准确性,要求受试者的动作是规范的。在蹲起至 20 次结束后,要测量 10 秒的脉搏,紧接着在后 50 秒内对血压进行测量。按照上述方法连续测 3 分。

评定:对测量结果进行分析,如果负荷后脉搏上升得并不明显,血压升高的幅度处于中等,3 分内血压、脉率基本恢复到安静时水平,就可以作出机能良好的判定;如果负荷后脉搏上升得较为显著,血压上升的程度也较高,3 分内脉搏和血压均未恢复到安静时水平,那么就可以将其评定为机能较差。

(2)30 秒 30 次蹲起

测量方法:让受测者静坐 10 分钟,对脉搏数进行 15 秒钟的测量。将所得数乘以 4 为安静脉率(P1 代表);受测者 30 秒内做 30 次蹲起(要求同上),之后测即时脉率(P2 代表);休息 1 分后,再测 15 秒脉率,将该数乘以 4 为恢复期脉率(P3 代表);计算心功指数:

第九章 校园"学训一体化"之学练效果的评价

心功指数 K＝(P1＋P2＋P3－200)/10

评价:K 小于或等于 0,则表示心功能为最好;K＝0～5 为很好;K＝6～10 为一般;K＝11～15 为较差;K 大于 16 为很差。

2. 联合机能试验

测量方法:先测量安静时的心率和血压,主要按照一次负荷试验的方法进行,接着按顺序做三个一次负荷试验。

(1)30 秒 20 次蹲起做完后,测量恢复期的心率和血压总的测量时间要控制在 3 分钟左右。

(2)以百米跑的速度进行 15 秒原地快跑,然后对跑步结束后的恢复期心率和血压进行测量,总的测量时间要控制在 4 分钟以内。

(3)以 180 步/分钟的速度原地慢跑 3 分(男)或 2 分(女),高抬腿跑。跑后对恢复期心率和血压进行测量,总的测量时间为 5 分钟。

要注意的是,在上述恢复期内,每分钟前 10 秒测脉搏,后 50 秒测血压。

评定:15 秒快跑一次负荷试验的五种反应类型,主要用来评定心血管机能水平的高低。联合机能试验中 20 次蹲起通常会用于运动员等有训练基础的人,原地快跑代表速度负荷,原地慢跑代表耐力负荷。

(3)布兰奇心功指数(BI)

测量方法:

①让受试者安静坐 15 分钟后,测量 1 分钟心率及血压。

②计算布兰奇心功指数(BI):

BI＝心率(次/min)×[收缩压(mmHg)＋舒张压(mmHg)]/100

BI＝心率(次/min)×[收缩压(mmHg)＋舒张压(mmHg)]/100

评定:BI 在 110～160 范围内为心血管功能正常(平均值是 140)。假如超过 200,应进一步检查心血管功能。

(4)哈佛台阶试验

测量方法：测量开始后，受试者要在50.8厘米高（女子42厘米）的台阶上以每分钟30次的频率做登台阶（上下）的动作，并且持续的时间为5分钟。登台阶的动作要准确，腿是伸直的。负荷后，对第2、3、5分钟的前30秒脉搏数进行测量，然后，将所得的数据代入到下面公式中将台阶指数求出来：

台阶指数＝登台阶持续运动时间(s)×100/2×(恢复期2、3、5min 前 30s 脉搏之和)

台阶指数＝登台阶持续运动时间(s)×100/2×(恢复期2、3、5min 前 30s 脉搏之和)

评定：一般来说，心功能往往是随着指数的变化而变化的，且成正比。具体的评定标准为：指数小于55为劣；55～64为中；65～79为中上；80～89为良好，大于90为优。

(二)呼吸系统机能试验

1. 肺活量

测量方法：受试者面对肺活量计站立，测量开始后，测试者要先做一两次深呼吸，再吸一口气，尽可能地将气全部呼出，直到呼气的动作无法再继续进行为止。对测试者的上述动作做3次测量，取最大值。注意为了保证测量的准确性，要求受试者在呼气时要保持身体直立，不能有弯腰和换气的情况出现。

评定：一般的，我国在肺活量方面确定的正常值是有性别差异的，男子是3500～4000毫升，女子则为3000～3500毫升。

2. 5次肺活量试验

测量方法：连续5次对测试者的肺活量进行测量，每次间隔15秒（包括吹气时间在内）后再进行下一次，将各次所得的结果都详细记录下来。

评定：各次测量的数据，如果是基本相同的，或者各次之间是呈逐次增加的趋势，那么就可以判定该受试者的呼吸机能是良好的。如果各次测量结果是逐渐下降的，且最后两次明显下降，那么就可以评定为机能不良。

3. 肺活量运动负荷试验

测量方法：首先要对受试者的静时肺活量进行测量，然后将负荷定量，立即对运动结束后受试者的肺活量进行测量，测量的频率为1次/分钟，共测5次，将最终得出的结果记录下来。

评定：如果在负荷后的5次肺活量结果中，这些数据是逐渐增大或保持安静的，那么对该受试者的判定为机能良好；如果运动后的5次测量结果逐渐下降，到第5分钟仍未恢复到负荷前水平，那么就判定为机能不良。

第三节 技术能力评价

学生足球技术能力的评价主要包括运球技术、传球技术、射门技术等，下面重点讲解一些技术能力评价的方法。

一、运球技术评价

（一）折线运球

（1）评价目的：测试学生从起点运球经过折线运球到达终点的能力，评价学生折线运球速度的快慢。

（2）场地器材：如图9-1所示，在场地上划两条间距为9米的平行线，在平行线上分设A、B、C、D、E、F共6个点，每条线上各点之间的距离不等。

图 9-1

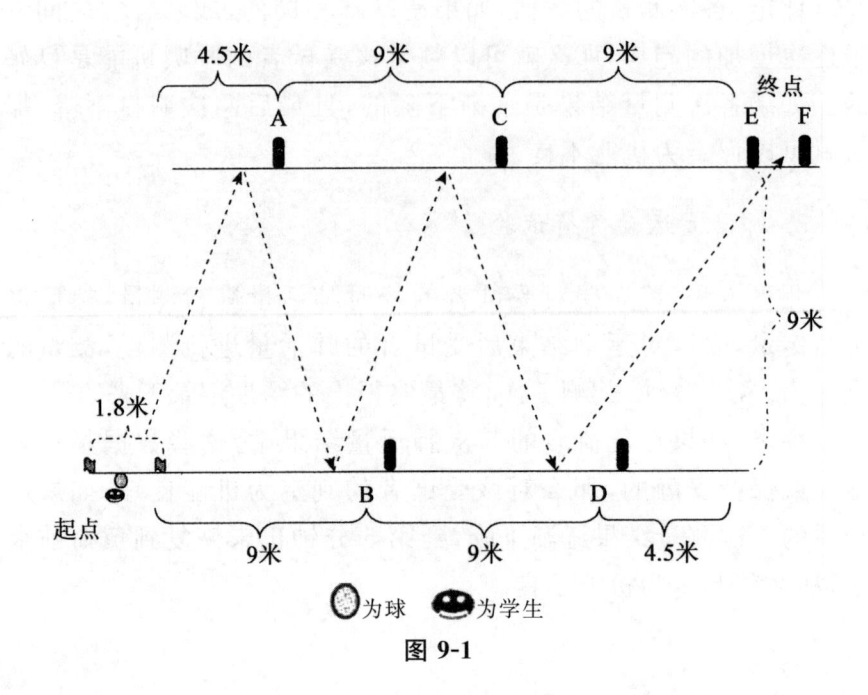

(3)评价方法:学生站在起点线后,球动起表。起动后学生按虚线轨迹带球,在各个标志前过线后做折线变向运球,在 E、F 之间的终点线之外踩停住球,停止计时(图 9-1)。

(二)折返运球过杆

(1)评价目的:评价学生运球技术的熟练程度。
(2)场地器材:在平整的场地上距离划两条相距 20 米的线,两条线中间插 10 根距离不等(1~3 米)的标杆;一块秒表。
(3)评价方法:学生从端线起运球,开表计时,从左右两侧依次过杆,往返运回到端线,人球到线时停表。测两次,取其中最好成绩进行记录(图 9-2)。

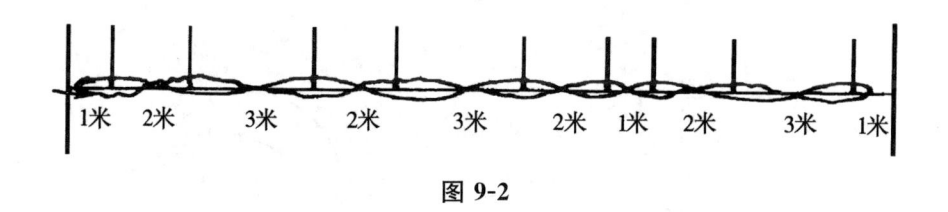

第九章 校园"学训一体化"之学练效果的评价

图 9-2

(三)运球转身

(1)评价目的:评价学生运球过程中的转身技术水平。

(2)场地器材:一块平整的场地;足球。

(3)评价方法:如图 9-3 所示,在场地上划相距 4.5 米的 A 线和 B 线。学生持球站在 A 线后,球动开始计时,学生带球从 A 线到 B 线,过 B 线后迅速转身返回 A 线,过 A 线后再迅速转身返回 B 线,最后返回 A 线并停球,计时停止。

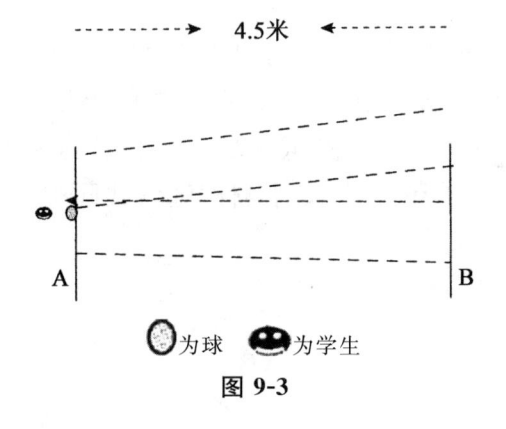

图 9-3

二、传球技术评价

(一)吊圈传准

(1)评价目的:测试和评价学生的传球准确性。

(2)场地器材:如图 9-4 所示,在足球场上划出一个外圆半径为 4 米,内圆半径为 2.5 米的双环,在与双环相距 20～40 米的地方划出一个矩形作为传球区。

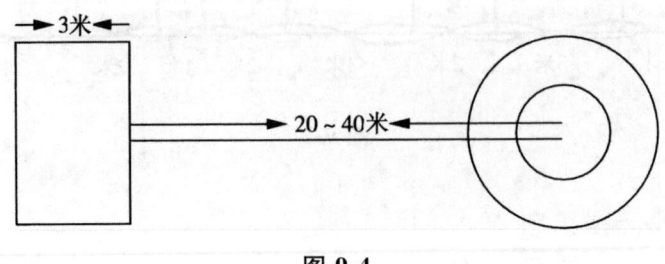

图9-4

（3）评价方法：学生将足球放在第一条线上，向传球区内拨球，随后跑上去向圈内传球，让球保持运动状态，每人踢5脚。进球第一落点在小圈得2分；进球第一落点在大圈得1分；未传到圈不得分。

（二）三角形地滚球传准

（1）评价目的：测试和评价学生传接地滚球的能力。

（2）场地器材：如图9-5所示，在平整的场地上划出一个3个直径5米的圆圈构成3个测试区域（A区、B区和C区），每两个区的中心之间距离为17米，3个测试区域共同构成一个等边三角形；一个足球。

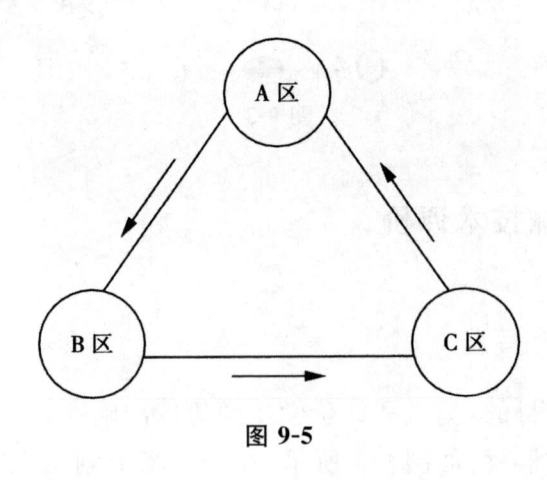

图9-5

第九章　校园"学训一体化"之学练效果的评价

(3)评价方法:将学生分成3个小组,每组1名学生。3名学生分别站在三个测试区内。测试开始,A区学生持球,将球按逆时针方向传给B区学生,B区学生再将球传给C区学生,依次重复。测试时间为30秒,计30秒之内的传球次数。

三、射门技术评价

(一)头顶球射门

(1)评价目的:测试与评价学生头球技术能力以及头球射门得分的能力。

(2)场地器材:如图9-6所示,在与球门相距2米的地方画一条直线作为抛球限制线,并在距球门线10米或12米处画头顶球区域线,在距头球区域线5米的地方画一条助跑限制线。

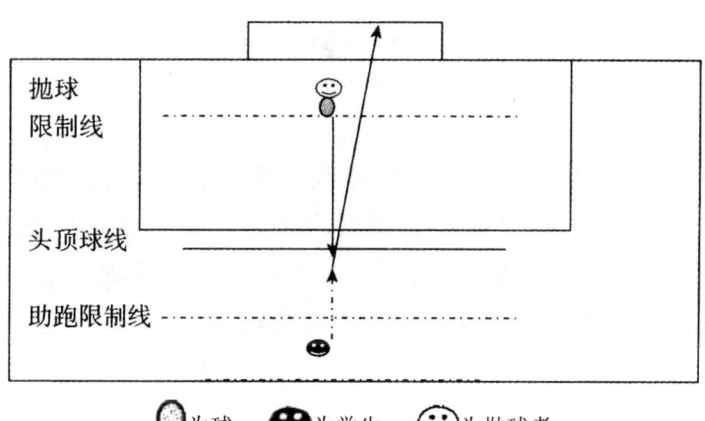

○为球，　●为学生，　☺为抛球者

图 9-6

(3)评价方法:学生站在助跑限制线外,抛球者抛球后,学生助跑在头顶球线前顶球射门。每个学生限顶3次,球直接进门计1分,球弹地进门计2分,球弹地两次以上(含两次)不计成绩。

(二)踢球射门

(1)评价目的:测试与评价学生脚背内侧和脚背正面射门的能力。

(2)场地器材:如图9-7所示,球门中心设一锥桶,两球门柱外2米处也设置一锥桶。罚球区线内2米处画1条标志线,罚球区线与球门区延长线外画1个长3米、宽2米的标志区。

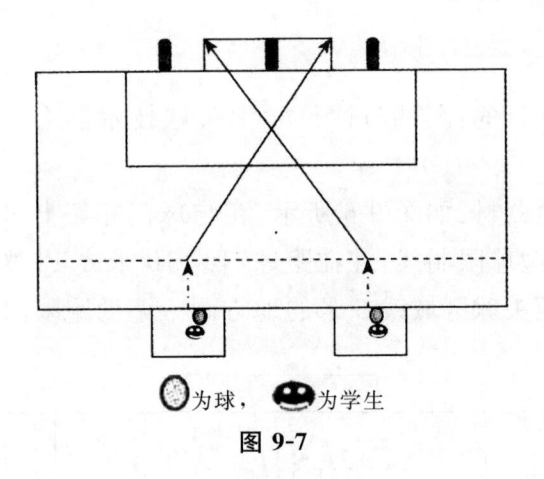

◯为球, ●为学生

图 9-7

(3)评价方法:学生站在罚球区外标志区内,听教师口令,学生运球进入罚球区,然后做起脚射门练习。球射入球门线中点至远门柱区域得3分;射入球门线中点至近门柱区域得2分;射入球门远门柱至锥形桶之间区域得1分;球踢在门梁、门柱、近门柱外得0分。

第四节 战术能力评价

运动员在比赛中的竞技表现首先取决于运动员竞技能力的高低。在足球运动员竞技能力的构成中,战术能力是重要的组成部分,而战术意识又是战术能力构成中的核心内容。运动员在比赛中表现出来的战术意识水平,决定着运动员技术运用的效果和战术能力的高低,对比赛的结果起着十分重要的作用。因此本节主要研究关于运动员足球战术意识的评价。

一、足球意识的测评指标

对于校园中的学生运动员而言,他们的身体发育还未完全达到成年人水平,在对其进行足球意识的评价时,可采用 7 人制足球赛的形式进行。

一般来说,足球意识的测评主要包括无球跑位、传球、运球或射门三项。

(一)跑位

(1)判断比赛中的攻防形式。
(2)保持阵型的完整与稳定。
(3)队友接应和保护的时机及距离等。

(二)传球

(1)传球或运球的时机。
(2)传插配合默契程度。
(3)传球方式是否合理。
(4)传球的力量和速度的把握。

(三)运球或射门

(1)盘带是否合理。
(2)运球技术是否合理。
(3)射门的时机、射门的方式等是否合理。

二、足球意识的测评方法

在比赛过程中,多位专家会分别统计出现三种情形出现的次数,并对每次出现的情况给出相应的得分(按所定的评分标准),统计每组出现进攻战术基础配合的次数并评定其效果。记分方法:每种情形的评分分为优、良、中、差四等,对应的分值为2、1、0、-1分。计算单项的分值率=单项得分和/单项出现次数×100%;总的分值率=各项得分总和/各项出现次数总和×100%。根据分值率的大小并结合配合的次数及效果来评定队员的战术意识水平。例如:传球10次,得分为2个2分、3个1分、5个0分,则传球分值率=(2×2+3×1+5×0)/10×100%=70%。[1]

第五节 学生运动员的自我评价

一、足球体适能的自我评价

足球体适能评价是学生自我评价的一个重要部分,学生可根据自己日常活动和训练算出相应的活动指数,然后再根据总得分(强度×时间×次数)区分体适能的类别(表9-1、表9-2),如果指数总得分低于40,学生应逐步增加训练负荷。

表9-1 足球活动指数表

指标	分值	日常活动
时间	4	超过30分钟
	3	20~30分钟
	2	10~20分钟
	1	低于10分钟

---

[1] 黄冠铭.长春市高校足球文化建设的研究[D].吉林体育学院,2014.

续表

指标	分值	日常活动
强度	5	持续用力呼吸和出汗
	4	断续用力呼吸和出汗
	3	中度用力呼吸和出汗
	2	中等强度
	1	低强度
次数	5	每天或几乎每天都活动
	4	每周3～5次
	3	每周1～2次
	2	1月数次
	1	1月不超过1次

表9-2 足球运动体适能类别对比表

总得分	评价	体适能类别
100	积极活动的生活方式	优秀
80～100	活动的和健康的	良好
60～80	活动的	好
40～60	较满意	一般
20～40	不很够	差
低于20	不活动	很差

二、颠球技术自我评价

评价方法：学生连续颠球，球落地或手触球则颠球结束，以球碰触身体各部位次数的多少来评定成绩。

评价标准：做两次，取其中最好成绩进行记录，得分标准参考表9-3。

表 9-3 原地颠球评价参考标准

次数	40	37	34	31	28	25	22	19	16	13	10	7	4
得分	100	95	90	85	80	75	70	65	60	55	50	45	40

三、运球技术自我评价

(一)运球绕杆射门

场地器材:一块足球场地;至少 1.5 米的标志杆或标志桶;一个足球。

评价方法:在足球场罚球区线中点两侧 50 公分处各画一条垂线。场地上插六根标杆,在右侧垂线上距罚球区线 2 米处插一根标杆,在距左侧垂线 2 米处插一根标杆,在距右侧垂线 2 米处插一根标杆,在距起点为 12 米处插一根标杆。标杆固定垂直插在地面上,插入深度不限,以学生碰杆不倒为宜。测试开始,学生从起点线开始运球,脚触球的一刻开表计时。运球逐个绕过杆后射门,球越过球门时停表。

评价标准:做两次,取其中最好成绩进行记录。运球漏杆或未射入球门内的视为成绩无效。射中球门横梁或立柱可补测一次。

(二)接运球综合测试

场地器材:一块足球场地;一个足球。

评价方法:在球场上画两条相距 5 米的平行线,两条平行线的长度均在 5 米以上,规定一条线为起点线。测评开始后,学生从起点线处抛球,球的落点必须在另一条线外,然后快速跑向落点并按照规定动作接反弹球后转身将球带回起点线,然后再抛、再接、再带,共往返六次。以第一次抛球到最后一次带球抵达起点线的总时间和学生对球接动作技能来综合评定成绩。

评价标准:测两次,取其中最好成绩进行记录。

四、踢定位球技术自我评价

(一)定位球传准

场地器材:一块平整的足球场地,一面1.5米高、插有彩色小旗的标志杆;一个足球。

评价方法:以标志杆为圆心,以3米和6米为半径分别划两个同心圆。以插有彩旗的标志杆作为传球的目标。两个同心圆的半径可以依据具体实际合理地调整。以25米长为半径,以插有彩旗的标志杆为圆心向任何方向划一条25米的长弧作传球限制线。测评开始,学生将球放在限制线上,用脚背内侧向圈里传球。

评价标准:观察学生踢出的球的第一落点,根据不同的落点位置给予相应的不同的分值。

(二)定位球踢准

场地器材:一块平整的场地;一面足球墙;一个足球。

评价方法:场地在距"足球墙"下沿中心20米处画一条平行于"足球墙"下沿的3米长的限制线。测评开始,学生将球放在限制线上,向足球墙踢球。注意可以擦着地面射到墙上,但不能踢地滚球。

评价标准:根据学生的踢准情况得出成绩。

五、传球能力自我评价

学生传球能力的自我评价等级及级别认定参考表9-4。

表 9-4 传球能力自我评价

等级	级别认定
优良	传球脚法正确,传球时机选择合理,传球动作规范,传球意识良好,队员接球顺利且默契,传球落点到位,有直接或间接的进攻威胁性
合格	传球技术动作基本正确,传球技术运用基本合理,有一定的传切配合的意识,能利用传球技术改善球队的不利局面
差	技术动作出现变形,传球意识不强,传球脚法不合理,传球时机不当,传球精确度不高等

六、运球能力自我评价

学生的运球能力的自我评价等级及级别认定参考表 9-5。

表 9-5 运球能力自我评价

等级	级别认定
优良	运球技术正确,具有自己的风格,运球目标明确,战术意识强,运球时机掌握适当,能运用运球优势发动进攻,能构成有威胁的进攻性运球
合格	能运用合理的运球摆脱防守,能寻找合适的传球、射门机会,主动运球中能创造良好的进攻机会,但如果造成严重失误则记入下一等级
差	运球心态不正,缺乏明确的目的,战术意识较差,不能很好地把握运球时机,不合理的运球造成严重后果

七、射门能力自我评价

学生的射门能力的自我评价等级及级别认定参考表 9-6。

第九章 校园"学训一体化"之学练效果的评价

表 9-6 射门能力自我评价

等级	级别认定
优良	能够主动创造出射门机会,射门技术合理、果断,运用各种射门技术如抢点、凌空射门、铲射、补射、抢点头顶球等(无论是否进球,都应该算,其他如符合战术意识的跑位射门也应该算)
合格	能否做出标准的射门技术,在射门时能够做到一气呵成,能做出较为合理的射门动作,如拨球射门,跳起头球射门等
差	勉强射门或者错过良好的射门时机等,射门技术动作不合理,射门无力或者球射得很偏等

参考文献

[1]赵永峰,安剑群.我国高等院校校园足球活动的现状与趋势[J].西安体育学院学报,2019,36(03):379-384.

[2]赵永峰,林为强.广东省湛江地区中小学校园足球开展现状与对策研究[J].岭南师范学院学报,2016,37(03):117-124.

[3]王欣.校园足球开展情况解析与实践指导[M].长春:吉林大学出版社,2020.

[4]熊子如.校园足球发展意义、困境及对策研究[J].青少年体育,2020(08):60-61.

[5]张文杰,罗利,张庭华.我国开展"校园足球"的背景浅析[J].当代体育科技,2017,7(01):240+242.

[6]郝纲.我国校园足球活动开展的现状问题及对策研究[J].当代体育科技,2018,8(26):161+163.

[7]谢敏.我国校园足球开展现状刍议[J].哈尔滨体育学院学报,2018,36(05):56-60.

[8]毛振明,刘天彪,臧留红.论"新校园足球"的顶层设计[J].武汉体育学院学报,2016(03):5-10.

[9]董众鸣,龚波,颜中杰.开展校园足球活动若干问题的探讨[J].上海体育学院学报,2011(02):91-94.

[10]何强.校园足球热的冷思考[J].体育学刊,2015(02):5-10.

[11]魏志鹏.影响校园足球开展的因素研究[D].河南大学,2019.

[12]王阳.河北省校园足球活动的开展现状和影响因素分析[D].河北师范大学,2015.

[13]陈超.校园足球活动在辽宁省布局小学的开展现状及影响因素分析[D].沈阳体育学院,2010.

[14]朱峰,吴瑞红.新时期我国校园足球发展趋势的调查研究[J].运动,2016(14):5-6.

[15]黄冠铭.长春市高校足球文化建设的研究[D].吉林体育学院,2014.

[16]庞海燕.校园足球特色学校管理与评价[J].体育师友,2019,42(06):45-46.

[17]程公.论足球后备人才培养的全面质量管理[M].北京:北京体育大学出版社,2011.

[18]胡月.校园足球审美教育[D].南京体育学院,2017.

[19]杨辰翔.现代足球运动美学研究[D].四川师范大学,2014.

[20]纪旭.吉林省高校体育院系足球项目审美教育现状及其对策研究[D].吉林体育学院,2015.

[21]周毅.校园足球课程构建导论[M].广州:广东高等教育出版社,2019.

[22]蒲一川.我国足球文化建设的价值取向及发展路径[J].绵阳师范学院学报,2012,31(03):103-107.

[23]梁伟.校园足球可持续发展评价研究[M].济南:山东人民出版社,2016.

[24]郭晓伟.现代足球训练理念与实践[M].北京:中国书籍出版社,2014.

[25]马跃.长春市高中校园足球训练现状与对策研究[D].东北师范大学,2014.

[26]姜全林.中小学校园足球一本通[M].宁波:宁波出版社,2016.

[27]何志林.足球教学训练工作指南[M].北京:人民体育出版社,2010.

[28]朱宏庆.足球技战术分级教学研究[M].济南:山东大学出版社,2010.

[29]黄竹杭.足球训练设计[M].北京:高等教育出版社,2010.

[30]冯涛.足球教学设计与训练实践研究[M].长春:吉林大学出版社,2018.

[31]史贵明.浅谈高校足球教学训练方法探析[J].实践与探索,2012(27):227.

[32]李鑫.浅谈高校足球教学与训练的新方法[J].当代体育科技,2014(20):31.

[33]于振峰等.体育游戏(第2版)[M].北京:高等教育出版社,2007.

[34]王民享,吴金贵.校园足球游戏100例[M].北京:北京体育大学出版社,2016.